**rowohlts monographien
begründet von Kurt Kusenberg
herausgegeben
von Wolfgang Müller**

Franz Grillparzer

mit Selbstzeugnissen
und Bilddokumenten
dargestellt von
Gerhard Scheit

Rowohlt

Dieser Band wurde eigens für «rowohlts monographien» geschrieben
Den Anhang besorgte der Autor
Herausgeber: Wolfgang Müller
Redaktion: Uwe Naumann
Redaktionsassistenz: Katrin Finkemeier
Schlußredaktion: K. A. Eberle
Umschlagentwurf: Werner Rebhuhn
Vorderseite: Stahlstich von F. Stöber nach einer Zeichnung von Dannhausen
(Bildarchiv Preußischer Kulturbesitz)
Rückseite: Barrikade auf dem Michaelerplatz in der Nacht vom 26. zum 27. Mai 1848
(Historisches Museum der Stadt Wien)

Veröffentlicht im Rowohlt Taschenbuch Verlag GmbH,
Reinbek bei Hamburg, November 1989
Copyright © 1989 by Rowohlt Taschenbuch Verlag GmbH,
Reinbek bei Hamburg
Alle Rechte an dieser Ausgabe vorbehalten
Satz Times (Linotron 202)
Gesamtherstellung Clausen & Bosse, Leck
Printed in Germany
1080-ISBN 3 499 50396 4

Inhalt

Franz Grillparzer. Gemälde von Heinrich Hollpein, 1836

Zur Psychologie Österreichs

«Und am Grabe des Achtzigjährigen muß man es der Welt wie eine Neuigkeit sagen: Ihr kennt den Grillparzer gar nicht! Wie man im Traume die Geister nur von der oberen Hälfte her sieht, so ging von dem ganzen Grillparzer nur eine Hälfte über die Erde: die andere Hälfte ist niemals gesehen worden! ... Grillparzer packte seine großen Fähigkeiten und starken Leidenschaften zusammen, sperrte sie in die Schublade und steckte den Schlüssel zu sich. Vorsicht ist der Tapferkeit besserer Teil... Es ist, als ob sich ein Byron – zu einem Matthisson umdichtete! Ein Phänomen ohnegleichen und nur in Österreich möglich! Zur Psychologie Österreichs ist die Biographie Grillparzers unentbehrlich. Man wird diese Biographie jedenfalls schreiben, aber verdorren soll die Hand, die nicht ihre ganze Wahrheit schreiben wird!»[1]

So schrieb der österreichische Schriftsteller und Literaturkritiker Ferdinand Kürnberger – zwei Tage nachdem Grillparzer am 21. Januar 1872 gestorben war. Die vertrackte Psychologie Österreichs hatte Kürnberger, den Demokraten von 1848, zu dieser Zeit schon in die Arme der preußischen Machtpolitik getrieben. Dennoch gilt seine Forderung an den Biographen, die versperrten Schubladen Grillparzers wieder aufzuschließen und die verheimlichte, kaum gesehene Hälfte seiner geistigen Physiognomie der offiziellen Persönlichkeit anzufügen. Mögen sie noch so sehr auseinanderklaffen, gerade aus ihren Widersprüchen läßt sich die epochale und literarische Bedeutung Grillparzers gewinnen – und von den Widersprüchen läßt sich lernen.

Franz Kafka fand in Grillparzers Leben die einzige Parallele zur eigenen gesellschaftlichen Situation. Doch schien es ihm «nicht nachahmenswert, ein unglückseliges Beispiel, dem die Künftigen danken sollen, weil er für sie gelitten hat»[2].

---

* Die hochgestellten Ziffern verweisen auf die Anmerkungen S. 134 f.

Jugend zwischen Josephinismus und Restauration

Nur selten markiert der Zufall des Geburtsjahrs so deutlich den Bezugspunkt eines ganzen Lebens: Grillparzer wurde am 15. Januar 1791 geboren, im Todesjahr Mozarts – im Jahr der «Zauberflöte». Das Jahr liegt zwischen dem Ende der Regierungszeit Josephs II. und dem Höhepunkt der Französischen Revolution, dem das erste Bündnis Österreichs und Preußens gegen das revolutionäre Frankreich antwortete. Der Zufall des Geburtsjahrs verweist damit auf den grundlegenden Widerspruch, der Grillparzers Leben – wenn auch nur im Innern – bewegen sollte: den Widerspruch zwischen den Traditionen der Aufklärung, wie sie sich am tiefsten und klarsten im Werk Mozarts ausprägten, und dem Ringen um eine Antwort auf die Französische Revolution.

Die Lebensgeschichte von Grillparzers Vorfahren ist eng verbunden mit den politischen Reformen der Ära Maria Theresias und Josephs II. Seit der Mitte des 18. Jahrhunderts wandelten sich Staat und Gesellschaft Österreichs unter dem immer stärker werdenden Druck der europäischen Großmächte. Namentlich durch eine grundlegende Zentralisierung der Verwaltung und durch die Zurückdrängung der alten, in Österreich noch immer tonangebenden Mächte des Feudaladels und der katholischen Kirche sollte der österreichische Staat auf das Niveau des entwickelten Absolutismus gehoben werden. Die verschiedenen Gerichte wurden erstmals einer zentralen Behörde, der obersten Justizstelle, zugewiesen, die gesonderte Rechtsordnung der böhmischen Aristokratie ganz abgeschafft. Dem österreichischen und böhmischen (nicht jedoch dem ungarischen) Adel und Klerus wurden erstmals Steuern auferlegt. 1761 tagte zum erstenmal der Staatsrat, das Koordinierungs- und Leitungsorgan aller staatlichen Institutionen. In jedem Regierungsbezirk Böhmens und Ungarns wurden Kreishauptmänner, königliche Beamte in Dauerstellung, eingesetzt, um der zentralisierten Rechtsprechung und Verwaltung Geltung zu verschaffen. Die Zollschranken zwischen Böhmen und Österreich wurden aufgehoben und Schutzzölle gegen Auslandseinfuhren errichtet. Ein Rechtserlaß verfügte eine Einschränkung der von den Bauern zu leistenden Frondienste.[3] Diese Modernisierung benötigte vor allem ein gigantisches Heer von neuen, zumeist bürgerlichen Beamten und Rechtsgelehrten. Und tatsächlich wurde von diesem Zeitpunkt an die Bürokratie zumindest ideologisch und kulturell zur tragenden Schicht der österreichischen Gesellschaft. Sie mußte es hier mehr als in jedem anderen Staat werden, bildete sie doch das einzige einheitliche Element in diesem eigenartigen, in Völker zersplitterten absolutistischen Staat, der den Weg zum Nationalstaat nicht mitgegangen war. In diesem Punkt konnte die Habsburger Monarchie nie auf das Niveau des europäischen Absolutismus gehoben werden.

Bauer – Handwerker – Beamter bzw. Notar: auf diesen Etappen finden wir Grillparzers Vorfahren. Bauern in Oberösterreich waren die ältesten, noch nachweisbaren Ahnen väterlicherseits. Der Großvater ging als Bindergeselle nach Wien und ließ sich hier als Gastwirt nieder. Seinem 1760 geborenen Sohn, Wenzel Grillparzer, wurde es bereits möglich, die Schule zu besuchen und 1785 an der Universität den juridischen Doktorgrad zu erwerben – so stark hatten die Reformen die soziale Mobilität erhöht und die Grenzen zwischen den Klassen durchlässig gemacht. Mütterlicherseits reicht die Tradition der Rechtsgelehrsamkeit weiter zurück: der Urgroßvater Sonnleithner trat schon vor der Zeit der großen Reformen Maria Theresias in Staatsdienste ein. Der Großvater brachte es dann zum Dekan der Rechtsfakultät der Wiener Universität, Hofrichter des Schottenstifts und erfolgreichen Fachschriftsteller. Drei der vier Söhne wurden Verwaltungsbeamte bzw. Rechtsgelehrte. Fünf seiner sechs Töchter heirateten wiederum Juristen, darunter eben auch die Mutter Franz Grillparzers, Anna Franziska Sonnleithner. Zugleich zeigt sich gerade am Beispiel des Hauses Sonnleithner, wie eng die Reformen, die den Aufstieg dieser Familie ermöglichten, mit einem allgemeinen kulturellen Aufschwung zusammenhingen. Das Haus Sonnleithner galt als eines der kunstsinnigsten in Wien. Der Großvater Franz Grillparzers komponierte neben seinen juristischen Tätigkeiten. Einer seiner Söhne – Joseph von Sonnleithner – begnügte sich noch weniger mit dem Beamtendasein: neben eigenen dichterischen und musikalischen Versuchen bearbeitete er für Beethoven das Textbuch zu «Fidelio» (nach Bouillys «Leonore»), gab die Komödien Philipp Hafners – eines Autors des Alt-Wiener Volkstheaters – heraus, leitete von 1804 bis 1814 das Burgtheater und gründete die «Gesellschaft der Musikfreunde». Grillparzers Mutter gehörte also schon in der dritten Generation jener Welt des aufstrebenden, gebildeten und aufgeklärten Beamtenbürgertums an, in die ihr Mann als erster seiner Familie aufgestiegen war. Sie heirateten 1789.

Franz Grillparzers Vater hatte seinen Bildungsweg noch in der josephinischen Ära zurückgelegt, der Zeit der weitestgehenden Reformen des aufgeklärten Absolutismus. Nach der Beschreibung seines Sohnes hat er sich zu den eigenen Kindern wohl ähnlich verhalten wie die josephinischen Reformer zum Volk: obwohl er bestrebt war, sie zu fördern und zu mündigen Untertanen zu erziehen, kam es doch zu keiner engen, vertrauensvollen Beziehung – *ein streng rechtlicher, in sich gezogener Mann* . . .

Christoph Sonnleithner,
der Großvater Grillparzers.
Gemälde von H. Maurer

Die Mutter:
Anna Franziska Sonnleithner.
Radierung von Wilhelm Unger
nach einem Wachsrelief

Sein äußres Benehmen hatte etwas Kaltes und Schroffes, er vermied jede Gesellschaft.[4] Man fühlt sich an die treffende Charakteristik Josephs II. durch den deutschen Jakobiner Georg Forster erinnert, die auf der genauen Kenntnis der sozialen Situation des Josephinismus beruht: «Alles durch sich selbst tun zu müssen, war das Resultat aller seiner Menschenprüfung und eine der Hauptursachen, weshalb ihm so vieles mißlang. Unaufhörlich getäuscht in der Hoffnung, Menschen nach seinem Herzen zu finden, ließ er sie in seiner Hand nur Maschinen sein.» Und doch weiß Georg Forster von Josephs «väterlichen Gesinnungen, womit er das Volk, die zahlreiche ehrwürdige Klasse seiner armen, arbeitenden Untertanen, in seinem Herzen trug ... Seine unbedingte Unterwerfung unter die Aussprüche der Vernunft warf zu weilen ein nachteiliges Licht auf sein Herz; er konnte grausam scheinen wollen, wenn er glaubte richtig geschlossen zu haben.»[5] Die Dissertationsschrift Wenzel Grillparzers, die das neue Verhältnis von Kirche und Staat behandelt, bezeugt seine Verehrung für den Kaiser und dessen Ideen. Darüber hinaus aber dürfte er in vielen seiner Lebensäußerungen diesem ‹Sozialtypus› des Josephiners zugehört haben, wie er gerade an der Person Josephs II. selbst zu studieren wäre, der sich als erster Beamter seines Staats begriff.

Aus Grillparzers später Beschreibung der Atmosphäre seiner Jugend ist nicht nur der josephinische Geist und Charakter des Vaters herauszuhören, mehr noch läßt sie jenen politischen Rückschlag spüren, der nach

Der Onkel:
Joseph von Sonnleithner

Joseph II. pflügt bei Slawikowicz auf dem Feld des Bauern Andreas Trnka

dem Ende der Regierung Josephs und insbesondere nach der Französischen Revolution auf allen Ebenen der Gesellschaft erfolgte. Immer wieder stößt man dabei auf den Widerspruch zwischen noch lebendigen Traditionen der Aufklärung, wie sie sich unter Joseph II. entfalten konnten, und der umfassenden Restauration, die nach der Französischen Revolution und bis 1848 diese Traditionen – mit oder ohne Gewalt, als lebendige oder als tote – begraben wollte.

Die josephinischen Reformen konnten sich nur auf die Schicht des aufgeklärten Beamtentums stützen. Darin lag einerseits ihre Stärke – nämlich ihre Unabhängigkeit gegenüber der Aristokratie, die sie zu einem einzigartigen, antifeudalen Unternehmen in der Geschichte des absolutistischen Staats werden ließ; andererseits auch ihre Schwäche: sie konnten weder unter den Handwerkern, Manufakturarbeitern und Bauern Fuß fassen noch auf eine starke Schicht einer Privatkapital besitzenden Bourgeoisie bauen – obwohl sie doch zu deren Gunsten jeweils ins Leben gerufen wurden. Besonders gegen Ende der Regierungszeit Josephs II. trat diese Schwäche deutlich zutage. Viele Reformen mußten kurzerhand zurückgenommen werden, dem Druck des Feudaladels konnte kaum etwas entgegengesetzt werden. Die Bauernschaft etwa war enttäuscht von der halbherzigen Landreform und schockiert vom herrschenden Antiklerikalismus; Kriegssteuern und Wehrpflicht waren ihr außerdem verhaßt. Und zweifellos war es diese Schwäche einer zunehmend isolierten Position, die es der feudalen Reaktion relativ leicht machte, nach dem Tod Josephs II. und nach den ersten Ereignissen der Französischen Revolution die Reformen wieder zurückzunehmen. Übrig blieb bei dieser Zurücknahme allerdings jene josephinische Bürokratie, die einzige soziale Basis der Reformen.

Soweit sich die aufgeklärten Beamten nicht anpaßten an den neuen Kurs und an den alten Idealen der österreichischen Aufklärung festhielten, drohten sie als Jakobiner vom Regime selbst verfolgt zu werden. Ein Teil von ihnen entwickelte sich unter dem Eindruck der französischen Ereignisse tatsächlich hin zu einem radikal jakobinischen Standpunkt. Die Jakobinerprozesse von 1795 schalteten diese Tendenzen dann gewaltsam aus. Daß dies aber so rasch und beinahe ohne größeren Widerstand und für so lange Zeit dem neuen habsburgischen Regime unter Franz II. gelingen konnte, zeigt wiederum den wesentlichen Unterschied zu den französischen Vorgängen: in Österreich, das gesellschaftlich weit hinter der europäischen Entwicklung zurückgeblieben war, konnte es sich nur um «Jakobiner ohne Volk» handeln.[6]

Eine Episode aus Grillparzers Kindheit bezeugt in merkwürdig schillernder Weise den rein sensationellen Eindruck, welchen unter diesen

Hinrichtung Ludwigs XVI., 1793

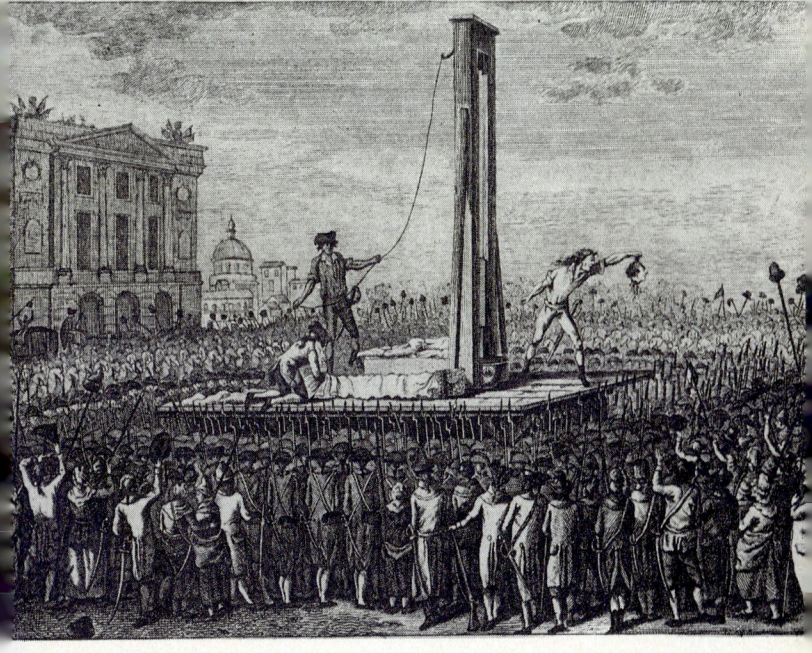

Bedingungen die französischen «Jakobiner mit Volk» machten: Der siebenjährige Grillparzer spielte der alten Köchin am Klavier vor – aber nur *ein einziges Stück, das sie unaufhörlich wieder zu hören begehrte. Es war damals die Hinrichtung Ludwigs XVI. noch in frischem Gedächtnis. Man hatte mir unter andern Übungsstücken auch einen Marsch gebracht, von dem man behauptete, daß er bei der Hinrichtung gespielt worden sei, in dessen zweiten Teile ein Rutsch mit einem einzigen Finger über eine ganze Oktave vorkam, welcher das Fallen des Mordbeiles ausdrücken sollte. Die alte Person vergoß heiße Tränen bei dieser Stelle und konnte sie sich nicht satt hören.*[7]

Nicht nur das Verhältnis zum eigenen Vater war von gegenseitiger Fremdheit geprägt. In Grillparzers Berichten der Kindheit stößt man immer wieder auf dieses Gefühl der Fremdheit in den Beziehungen zu den Menschen und Dingen der unmittelbarsten Umgebung. *Durch ungleiche Erziehung und Verschiedenheit der Charaktere von seinen Brüdern entfernt gehalten… wuchs ich in völliger Vereinzelung heran. Um das Formlose und Trübe meiner ersten Jahre begreiflich zu machen, muß ich sogar unsere Wohnung beschreiben… Finster und trüb waren die riesigen Gemächer. Nur in den längsten Sommertagen fielen um die Mittagszeit einzelne Sonnenstrahlen in das Arbeitszimmer unsres Vaters und wir Kinder standen und freuten uns an den einzelnen Lichtstreifen am Fußboden… Nach Art der uralten Häuser war* das Haus auf dem «Bauernmarkt», wo Grillparzer geboren wurde und seine ersten Kindheitsjahre verbrachte, *mit der größten Raumverschwendung gebaut. Das Zimmer der Kinder, das so ungeheuer war, daß vier darin stehende Betten und einige Schränke kaum den Raum zu verengen schienen, empfing sein Licht nur… von einem kleinen Hofe.* Die Bedienten bildeten in diesem Haus *eine Art abgesonderten Haushalt… Der Zutritt auch zu diesem Zimmer war uns verboten und wenn manchmal das schmutzige Mädchen mit dem unsaubern Kinde, wenn auch nur im Durchgange erschien, so kamen sie uns vor wie Bewohner eines fremden Weltteils.*[8]

Diese Fremdheit schon in der frühesten Kindheit wurde oft als angeborene psychische Disposition gedeutet – und es läßt sich auf das gehäufte Auftreten von Melancholie in der Familie hinweisen. Mit Wohnung und Haushalt beschreibt Grillparzer aber auch den gesellschaftlichen Raum, in dem erst jene mögliche Disposition zur Realität einer Lebensgrundstimmung werden konnte. Die Häuser, in denen das josephinische Bürgertum sich einrichtete, drängten sich noch auf dem engen Boden des mittelalterlichen Stadtbildes. Sie waren für eine andere Zeit, für eine andere Klasse gebaut worden. Die großen Innenräume wurden zur Verschwendung, wenn ein ärmerer Bürger, wie Grillparzers Vater, nur ein paar Möbelstücke besaß. Formlos und trübe ist es, in einem vom Adel gebauten und nach wie vor besessenen Staat bürgerlich bescheiden hausen zu müssen, um diesem Staat zu dienen. Man konnte sich Dienstboten

*Grillparzers
Geburtshaus am
Bauernmarkt*

gerade noch leisten und sonderte sich von ihnen ab, als wäre man selbst ein Angehöriger des Adels. Das Gefühl der Vereinzelung, das Grillparzer in seiner Kindheit empfand, sollte ihn später, als er in Staatsdienste trat, nicht mehr verlassen; ist es doch das Lebensgefühl, mit dem die Bürokratie – sich nach ‹oben› und ‹unten› abgrenzend – ihre Pflicht erfüllte. Aus ihm schöpfte er auch seine Werke und avancierte wohl darum zum ersten großen Dichter des österreichischen Bürgertums.

Die Entfremdung vom gesellschaftlichen Leben aber, die wohl ein Kennzeichen jeder Bürokratie ist, erweist sich im Falle des Beamtentums der Habsburger Monarchie früh schon als eine ganz besondere: zum einen, da sich das beamtete Bürgertum nicht wie in anderen, ökonomisch entwickelteren Nationen an eine starke aufstrebende, besitzende Bourgeoisie anlehnen konnte; zum anderen, weil die Bürokratie im Vielvölkerstaat die einzige gesellschaftliche Kraft blieb, die die Einheit des Staats verkörpern konnte. Dies mußte sie, je mehr Österreich vom deut-

15

schen Reich abrückte, auch den einzelnen nationalen bürgerlichen Kräften mehr und mehr entfremden.

Freilich gibt es von frühester Kindheit an auch Momente, in denen diese Fremdheit aufgehoben werden konnte; diese seltenen, glücklichen Augenblicke gehören der Erinnerung an die Aufklärung an, einer Kultur, wie sie sich noch im Spannungsfeld des widersprüchlichen josephinischen Programms entfalten konnte. *Eins der frühesten Bücher, die ich las, war das Textbuch der Zauberflöte. Ein Stubenmädchen meiner Mutter besaß es und bewahrte es als heiligen Besitz. Sie hatte nämlich als Kind einen Affen in der genannten Oper gespielt und betrachtete jenes Ereignis als den Glanzpunkt ihres Lebens. Außer ihrem Gebetbuch besaß sie kein anderes als diesen Operntext... Auf dem Schoße des Mädchens sitzend las ich mit ihr abwechselnd die wunderlichen Dinge, von denen wir beide nicht zweifelten, daß es das Höchste sei, zu dem sich der menschliche Geist aufschwingen könnte.*[9]

Nachdem sich in Grillparzers Erziehung zunächst Privatschule und Hauslehrer abgewechselt hatten, schickte sein Vater ihn 1801 in das öffentliche St. Anna-Gymnasium. Danach absolvierte er ein dreijähriges philosophisches Propädeutikum an der Wiener Universität, um dann 1807, wie selbstverständlich in die Fußstapfen seiner Vorfahren tretend, das Studium der Staats- und Rechtswissenschaften zu beginnen. Seine Berichte über die Studienzeit geben kaum irgendwelche Anhaltspunkte

Mozarts «Zauberflöte». Szenenbild der Gebrüder Schaffer zur Uraufführung

Wolfgang Amadé Mozart.
Unvollendetes Ölbild
von Joseph Lange, 1782/83

über Lehrinhalte – und gerade darin sind sie charakteristisch für die geistige Situation an der Universität.

Als er zu studieren begann, hatte die Restauration im Bildungswesen bereits erfolgreich zugeschlagen. 1792 schon wußte der österreichische Dichter Johann Baptist von Alxinger an Wieland darüber zu schreiben, «was sich die Wissenschaften zu versprechen haben»: «Haß und Verfolgung... Unsere Minister... sind der Aufklärung von Herzen gram und... möchten gern so regieren wie vor hundert Jahren Mode war, schelten alles Jakobiner, was die alte Mode mißbilliget... Pressfreiheit und Publizität sind höchst verhaßt... Die Zensur ist strenger als je und Josephs großer Geist ganz von uns gewichen.»[10] 1795 trat ein neues Strafrecht in Kraft, das für politische Kritik in Wort, Schrift oder Bild Kerker von fünf bis zehn Jahren vorsah. Im selben Jahr wurden Freimaurerei wie jede Art geheimer Verbindung verboten, 1798 wurden die Lesekabinette, 1799 die Leihbibliotheken verboten – man verdächtigte sie, getarnte Illuminaten- bzw. Jakobinerzirkel zu sein.[11] Der Vorsitzende der Studienrevisionskommission, die die Aufgabe hatte, Sonnenfels' und van Swietens Bildungsreform an Schule und Universität rückgängig zu machen, ver-

17

kündete, «die Schreibsucht und die Lesesucht» seien «zu einer solchen Übermacht gebracht» worden, daß sie «nicht mehr mit unbefangenem Beobachtungsgeist neben den gesellschaftlichen Institutionen» einhergingen, «sondern... überall um sich in die Triebwerke der Staatsverwaltung und der religiösen Regierung» eingriffen.[12]

Was hierauf als Gegenmaßnahme projektiert wird, sollte die Weichen für die gesamte weitere Entwicklung von Wissenschaft und Philosophie im 19. Jahrhundert in Österreich stellen: «...daß das Studium der Mathematik und der Physik, dann die positiven Wissenschaften das Übergewicht über die sogenannten rationalen oder spekulativen Wissenschaften gewinnen möchten, damit dem Skeptizismus und der politischen und philosophischen Freidenkerei, die gegenwärtig den Geist der Gelehrsamkeit so sehr mit dem schlichten Menschenverstand entzweit haben, Grenzen gesetzt werden.»[13] Diese Bemerkungen beziehen sich konkret auf das philosophische Vorbereitungsstudium an der Universität, das auch Grillparzer für seine juridischen Studien absolvieren mußte. Der restaurativen Bildungsreform ging es zunächst um die Zurückdrängung vor allem der Kantschen Philosophie. Längerfristig freilich bedeutete der Erfolg der restaurativen Politik die Abkoppelung des österreichischen Geisteslebens von der Entwicklung der deutschen Philosophie zu Hegel, den Junghegelianern – und zu Marx. Erscheinungen wie die großen Erfolge österreichischer Wissenschaftler und Schulen in einzelnen Naturwissenschaften bei gleichzeitiger Austrocknung philosophischen Denkens dürften hier (und nicht im Josephinismus, wie oft vermutet) ebenso ihren Ursprung haben wie das spätere Avancement des Neopositivismus in diesem Land.

1821 formulierte der österreichische Kaiser Franz I. vor Laibacher Professoren dieses Bildungsprogramm für das ganze 19. Jahrhundert kurz und prägnant: «Es sind jetzt neue Ideen im Schwung, die ich nicht billigen kann und nie billigen werde. Enthalten Sie sich von diesen, und halten Sie sich an das Positive; denn ich brauche keine Gelehrte, sondern brave rechtschaffene Bürger. Die Jugend zu solchen zu bilden, liegt ihnen ob.»[14]

Erst vor diesem historischen Hintergrund kann man begreifen, wie realitätsnah jene grotesken, fast nur auf das Äußere zielenden Porträts sind, die Grillparzer von seinen Professoren zeichnet. *Die Ideen von akademischer Freiheit, die jeden anwandelten, befielen mich stärker als jeden andern. Leider waren unsere Professoren von solcher Art, daß nur die Gewohnheit des Fleißes, die meine Sache nicht war, zur Fortsetzung desselben aneifern konnte. In dem Professor der Philosophie hatten wir einen Pedanten, aber nicht nur im gewöhnlichen Sinn, sondern als eigentliche Lustspielfigur, als ob der Dottore aus der italienischen commedia dell'arte sich in ihm verkörpert hätte. Er... hielt sich für ganz selbständig, bloß weil er die Neuerungen Kants von sich stieß, indes sein System nichts als der bare*

Franz II., als Kaiser von Österreich seit 1806 Franz I.

Wolfianismus war. Oft... rief er während der Vorlesung aus: Komm her, o Kant, und widerlege mir diesen Beweis! Seine Philosophie bestand bloß aus Distinktionen und Divisionen, zwischen denen sich die Definitionen notdürftig Platz machten... Das Ganze wurde in Küchenlatein abgehandelt... Der Professor der philosophischen Philologie galt für einen tüchtigen Mann, nur war er trocken bis zum Abschreckenden und so auf seine Übersetzung der tuskulanischen Untersuchungen versessen, daß er jeden, als den von ihm gebrauchten Ausdruck, mit stummen Kopfschütteln zurückwies.[15]

Die Konsequenzen, die Grillparzer – wie vermutlich viele Studenten

19

Alte Universität und Universitätskirche in Wien. Kupferstich von Karl Schütz, 1790

damals – aus diesen akademischen Erfahrungen zog, waren in gleicher Weise erwünscht von der österreichischen Regierung wie folgenschwer für die weitere kulturelle Entwicklung: *Leider übertrug ich meine Gering-schätzung der Professoren auf die von ihnen vorgetragenen Wissenschaften* [16], schreibt er, resigniert zurückblickend, in der *Selbstbiographie* – und im Tagebuch von 1809 heißt es: *Es wandelt mich immer ein Lachen an, wenn ich das Wort Filosofie höre... Wir, haben keine Filosofie... die Fragen, woran uns eben etwas liegt, gibt es eine Gottheit? Sind wir frei, unsterblich? Ist Wahrheit in unsrem Erkennen? usw., werden immer unentschieden gelassen, indes der Haufe systemeschmiedender Scharlatane, sich mit scholastischen Pedanterien, neuen, barbarischen Terminologien, mystischer Undeutlichkeit und mit nicht nur unfilosofischen, sondern sogar inhumanen Brutalitäten gegeneinander unterhält.* [17] Jene Werke der Philosophie, vor allem aber der Literatur, die diese wesentlichen Fragen der Zeit aufwarfen und zu beantworten suchten – die Schriften Kants, die Dramen Schillers und Goethes –, konnte Grillparzer nicht durch jene *bis zum Abschreckenden* trockenen Professoren der Wiener Universität kennenlernen. Sie mußten ihm aus anderen, versteckteren Quellen zufließen: es waren dies wohl Freundschaften, etwa mit Georg Altmütter, die ihm die ersten Dramen Schillers in die Hände kommen ließen, und die daraus gebildeten privaten «Akademien», wo in allwöchentlichen Versammlungen die Philosophie Kants ernsthaft diskutiert werden konnte. Sehr treffend nannte sich die von Altmütter geleitete Gruppe «Gesellschaft zur gegenseitigen Bildung».

Diese jenseits der akademischen Öffentlichkeit empfangenen Eindrücke konnten Grillparzer – neben den frühen Erlebnissen der «Zauberflöte» und der Ritter- und Geisterstücke des Leopoldstädter Theaters – zu eigenem Schaffen anregen. *Um diese Zeit waren mir auch die ersten Dramen Schillers in die Hände gekommen. Die Räuber, Kabale und Liebe, – Fiesko hatte ich aufführen gesehen – und Don Karlos. Das letztere Stück entzückte mich, und ich ging daran, auch ein Trauerspiel zu schreiben. Ich wählte dazu aus der Geschichte Peters des Grausamen die Ermordung seiner Gattin, Blanka von Kastilien und diese Letztere gab den Titel her.*[18] Die Ähnlichkeiten von Grillparzers frühem Versuch mit Schillers Drama sind unverkennbar – vor allem was die äußere Anlage von Handlung und Konflikt nebst dem spanischen Lokalkolorit betrifft. Wie in Schillers «Don Carlos» ist die Frau des Königs – Blanka von Bourbon – die Geliebte seines politischen Gegners und zugleich engsten Verwandten; nur handelt es sich nicht wie bei Schiller um den Sohn, sondern um den unehelich geborenen Bruder des Königs Pedro namens Fedriko.

An Schiller auch gemahnt das Freiheitspathos, mit dem die Tyrannei des Königs Pedro und seines Ministers Rodrigo, der dem Shakespeareschen Jago ebenso wie dem Beethovenschen Pizarro nachgebildet scheint, gebrandmarkt wird. Sein Tyrannenmörder Fedriko vereinigt gewissermaßen Don Carlos und Marquis Posa, den Liebenden und den Citoyen, in einer Person. In seinem Innersten aber kommen beide sich fortwährend in die Quere.

Nur scheinbar gibt sich Fedriko am Beginn als tugendhafter Citoyen zu erkennen:

> *Den Trieben der Natur, der Menschlichkeit*
> *Hab' ich entsagt. – Das Glück der Nation,*
> *Ein weitgedehnter schöner Wirkungskreis,*
> *Und Größe war das hohe Ziel nach dem*
> *Ich alle Freude meines Lebens warf!*
> *Um helfend, wie ihr guter Genius*
> *Ihr Joch Kastiliens Völkern zu erleichtern*
> *Ihres Despoten schwere Eisenfaust,*
> *Die Lastende von ihnen abzuwenden...*[19]

Doch im nächsten Moment schon – als er vom Weiterleben der Geliebten erfährt – wirft er das Ethos des Rebellen über Bord –

...tut Verzicht
Auf alles was der blöde Erdenpöbel
Von Wahn betöret bis zum Himmel hebt. –
In Nichts versunken sind die stolzen Träume
...

Drum kehr' ich freudig aus dem Sturm des Lebens
In die mir aufgetane heitre Bucht,
Dort winkt mir Glück und Ruhe...
Herrsch' immer Pedro auf dem Königsthrone
Von deiner feilen Sklaven Schar umringt;
Ich tausche nicht! – Wenn Blanka mich umschlingt,
Ist mir ein Myrtenkranz die schönste Krone![20]

Auch in der Liebe zu Blanka findet er keine Ruhe: *Ich bin nicht mehr der ich einst gewesen*[21] – mit diesen Worten schwankt seine Identität fortwährend in den uferlosen Konflikten des Dramas. Sie sollten zum Leitmotiv aller großen Figuren Grillparzers werden.

Trotz vieler bestechender Monolog- und Dialogpartien fehlt dem Drama des achtzehnjährigen Grillparzer noch eine auf den dramatischen Konflikt konzentrierte Handlungseinheit. Es verliert sich immer wieder in retardierenden Nebenhandlungen, abgesehen davon, daß die ungeheure Länge des Textes eine Aufführung kaum möglich erscheinen läßt.

Als Grillparzer sein Stück 1810 bei der Dramaturgie des Hofburgtheaters einreichte, bekam er es mit der Äußerung zurück, *daß es nicht anwendbar sei*[22]. Der Vater hatte stets auf Grillparzers frühe dichterische Versuche mit der *stehenden Phrase* reagiert, er *würde noch auf dem Miste krepieren*[23]. Diese Prophezeiung fiel ihm, als er nun das Manuskript zurückbekam, wieder ein, und er wollte von da an *der Poesie, vor allem der dramatischen, für immer den Abschied... geben*[24]. Tatsächlich dauerte es sieben Jahre, bis er es wagte, ein neues Stück – *Die Ahnfrau* – einem Theater anzubieten. Diese sieben Jahre jedoch waren ausgefüllt mit zahlreichen poetischen und auch dramatischen Versuchen und Fragmenten. Daß es bei Versuchen blieb und Grillparzers Selbstkritik immer strenger und unbarmherziger wurde, dürfte mit der Erfahrung der Goethe-Lektüre in besonderer Weise zusammenhängen. Von dem Zeitpunkt dieser Lektüre an datiert Grillparzer in seinem Tagebuch den *Anfang meines Trübsinns, meiner Melancholie... alles was ich bisher geschrieben hatte, kam mir unerträglich, plump, ungebildet vor... Blanken, in der ich einst ganz lebte, kam mir unerträglich vor, ich verwarf sie, und mit ihr war all mein Glück, all meine Ruhe dahin.*[25]

Das Tagebuch spricht überhaupt, was die innere Entwicklung von Grillparzers Schaffen betrifft, eine deutlichere und unmittelbarere Sprache als die späte *Selbstbiographie*, in der Grillparzer für seine eigene künstlerische Entwicklung oft nur mehr äußere Anlässe anzugeben weiß.

Das Hof- und Nationaltheater in Wien nebst der kaiserlichen Reitschule, um 1820

Die Tagebücher, die eben nicht zufällig mit dem Übergang von Schiller zu Goethe einsetzen, sind von solcher bürokratischen Abstraktheit noch frei. Ihnen zufolge beginnt mit dem Erlebnis von Goethes Werken ein tiefer Zwiespalt im Selbstbewußtsein Grillparzers: Die Ästhetik der Weimarer Klassik wurde ihm zum Vorbild, dem er mit dem eigenen Werk nicht Genüge zu tun glaubte.

Ich las anfangs Schillern und schrieb dabei meine Blanka, und nie fiel mir ein, an der Vortrefflichkeit derselben, an meinem vorzüglichen Dichtertalent zu zweifeln: denn Schiller war mein Idol, mein Vorbild, und mein Gefühl (vielleicht auch meine Eitelkeit) sagte mir, ich sei auf dem Wege, ihn zu erreichen . . . doch durch Goethe ward ich in eine ganz andere Welt versetzt. Da waren nicht mehr die zwar kräftigen, aber rauhen Pinselstriche, da war, möchte ich sagen, keine Freskomalerei mehr, die Zartheit des Miniaturmalers hatte ich mir zum Muster genommen, und – ich fühlte meine Hand zu schwach![26]

So beginnt Grillparzer in seinem Tagebuch auch bald, über sich selbst zu spotten: mit der erfundenen Figur des *Halb-Genies Fixlmüllner* parodiert er seine eigenen Schwächen im Angesicht der großen Vorbilder Shakespeare, Goethe und Schiller. Möglicherweise sind diese Passagen als Entwürfe zu einem humoristischen Roman im Stil Jean Pauls – mit dem sich übrigens Grillparzer später intensiv beschäftigte – entstanden. Sie belegen jedenfalls den großen Einfluß zweier widerspruchsvoller Gestalten der Aufklärung: Jean-Jacques Rousseau und Johann Georg Hamann. Die rücksichtslose Art der Selbstdarstellung Rousseaus in seinen «Confessions» nahm sich der junge Grillparzer im Tagebuch ebenso zum Vorbild wie die Selbstironie von Hamanns «Fliegendem Brief an Niemand den Kundbaren».

Zur Bekanntschaft mit Goethes Werken hatte es jedoch der abermaligen Besetzung Wiens durch die Franzosen im Jahre 1809 bedurft. Zwar konnte Grillparzer bereits zuvor «Götz von Berlichingen» und den «Werther» zu lesen bekommen. Doch seine Werke *in ihrem ganzen Umfange* kennenzulernen, erwies sich als *eine Sache, die in Wien nicht leicht ist. Die Franzosen kamen nach Wien, und ein Nachdruck seiner Schriften erschien, ich schaffte sie mir so schnell als möglich an.*[27] Daß die Möglichkeit, Goethe kennenzulernen, mit der Besetzung Napoleons zusammenfällt, erscheint Grillparzer als bloßer Zufall. Ein innerer Zusammenhang bleibt ihm hinter diesem Zufall verborgen. So entscheidend in literarischer Hinsicht die Bekanntschaft mit Goethes Werken wurde, Napoleon konnte bei aller Faszination nur den Franzosenhaß bei dem Achtzehnjährigen wecken. Sicherlich war 1809 an Napoleons Soldaten und ihren Taten nicht mehr viel zu bemerken vom Geist der Französischen Revolution, doch konnte Grillparzer – hindurchgegangen durch den Bildungsapparat der Restauration – sich kaum eine Erinnerung an den ursprünglichen sozialen Gehalt der Französischen Revolution bewahren. Für Goethe, Heine, Hölderlin oder Beethoven blieb diese Erinnerung eine das ganze Leben und Werk begleitende, lebendige Erfahrung – als «ein herrlicher Sonnenaufgang», wie Hegel noch in seinen letzten Lebensjahren sie empfand.[28]

Franz Grillparzers junger Haß auf die Franzosen, der auf den ersten Tagebuchblättern beredten Ausdruck findet, erinnert eher an Töne aus den deutschen Befreiungskriegen, etwa an Kleist. Sein Blickwinkel verengt sich ganz auf die Person Napoleons, die ihn gleichzeitig fasziniert und abstößt. Sozialer und geschichtlicher Gehalt von Napoleons Wirken verschwinden hinter dem großen Individuum und seiner Hybris. (Dies war freilich eine allgemeine Tendenz der Deutung Napoleons in der Literatur des 19. Jahrhunderts – von Stendhal bis Dostojevskij, wenn auch die Bewertung dabei durchaus gegensätzlich ausfallen konnte.) Diese Verengung des Blickwinkels, die von wesentlichen historischen Voraussetzungen abstrahiert, ermöglichte es Grillparzer später, das Problem Napoleon in der Figur des Ottokar (aus dem 13. Jahrhundert) künstlerisch zu gestalten. Da wußte er allerdings bereits eine ideologische Antwort auf Napoleon.

Der alte Grillparzer schließlich findet nur mehr ironische Töne für seine jugendliche Emphase im «Befreiungskrieg» gegen die Franzosen, so etwa, wenn er den damaligen Einsatz seines Studentencorps zur Verteidigung Wiens beschreibt: *Am entscheidenden Tage selbst führte man uns*

mit einbrechender Nacht auf die Basteien und kündigte uns das bevorste-
hende Bombardement an. Da war denn allerdings ein gewisses Schwanken
in unsern Reihen sichtbar, das nicht vermindert wurde, als die ersten
Brandkugeln hart ober unsern Häuptern in die Dachfenster des hinter uns
befindlichen Palastes... hineinfuhren. Nachdem aber später die Franzo-
sen... ihre Würfe höher richteten und die Kugeln weit von uns weg fielen,
verbesserte sich unsere Stimmung sichtlich... Die Nachricht von der Über-
gabe der Stadt erfüllte uns mit Unwillen. Ich machte dem meinigen durch
einen nur halb gefühlten Ausfall gegen unsere Bürgerschaft Luft, denen
ihre Dächer lieber seien als ihre Ehre, ein Wort, das sogleich von unserm
Anführer... aufgegriffen wurde und die ganze Kompanie wiederholte. Im
Grunde aber waren wir alle froh, wieder nach Hause zu kommen, um so
mehr, als wir seit sechzehn oder achtzehn Stunden nichts gegessen hatten.[29]

Heinrich Heines Spott über den deutschen «Befreiungskrieg» trifft – so
kann man es jedenfalls aus Grillparzers Erinnerungen herauslesen – auch
diese österreichischen Kämpfer: «Als Gott, der Schnee und die Kosaken
die besten Kräfte des Napoleon zerstört hatten, erhielten wir Deutschen
den allerhöchsten Befehl, uns vom fremden Joche zu befreien, und wir
loderten auf in männlichem Zorn ob der allzulang ertragenen Knecht-
schaft, und wir begeisterten uns durch die guten Melodien und schlechten
Verse der Körnerschen Lieder, und wir erkämpften die Freiheit; denn wir
tun alles, was uns von unseren Fürsten befohlen wird.»[30]

Handelte es sich aber beim jungen Grillparzer wirklich nur um jene
«Freiheit», die von den habsburgischen Fürsten den Untertanen befohlen
wird, um die letzten Gedanken an die Französische Revolution auszutil-
gen? An einigen Stellen des Tagebuchs gehen seine Gedanken allerdings
weit über die Halbheiten und Lächerlichkeiten der antinapoleonischen
Aktionen, auch weit über eine bloße Freiheitsstimmung hinaus. Nicht
zufällig geschieht dies dann, wenn Grillparzer konkret den österreichischen Verhältnissen sich zuwendet und von hier erst über die Sehnsucht
nach der unterdrückten Aufklärung zum Gedanken einer Befreiung findet, die sich nicht von Fürsten befehlen läßt, weil sie selbst sich von diesen
befreit. *Fliehen will ich dies Land der Erbärmlichkeit, des Despotismus*
und seines Begleiters, der dummen Stumpfheit, wo Verdienste mit der Elle
der Anciennität gemessen werden... und wo ein Collin*als Matador ge-
achtet wird, wo Vernunft ein Verbrechen ist und Aufklärung der gefährlich-
ste Feind des Staates... Natur, warum ließest du mich gerade in diesem
Lande geboren werden![31] Allein in der Auswahl der Nationen, die er spie-
lerisch als Ziel des Auswanderns in Betracht zieht, zeigt sich ein anderer
Freiheitsbegriff als der von den Fürsten befohlene: Frankreich und die

---

* Heinrich Joseph von Collin (1771–1811), erfolgreicher Dramatiker und Lyriker, dessen an der Habsburger Dynastie orientierter Patriotismus in rhetorischem
Pathos Ausdruck fand.

Schweiz. Andererseits ahnt Grillparzer schon etwas von jener neuen, inneren Problematik bürgerlicher Freiheit, die schließlich zu einem zentralen Thema seiner Dramatik werden sollte: *Ist der Franzose nicht so sehr Sklave als der Österreicher und der Schweizer? Auch der Schweizer, derselbe Schweizer... der in den Tagen bei Morgarten und Sempach seinen Namen über alle Völker setzte, auch er ist gefallen, auch er ist ein Sklave! ... auch in deinen Tälern, paradiesische Schweiz, lebt ein Volk... das egoistisch und politisch und hinterlistig und fuchsschwänzelnd ist, es... trägt*

*Nächtliches Bombardement
Wiens durch die Franzosen 1809.
Zeichnung von
Johann Nepomuk Höchle*

Ketten an den Händen, aus denen sonst des Ahnherrn Schlachtschwert Verderben auf die Freiheitfeinde herabblitzte.[32]

Die Frage der Freiheit beherrscht fraglos Grillparzers Denken in den Tagen der französischen Besetzung. Durch Napoleons Soldaten war ihm der Blick auf die Französische Revolution genommen, das Bedürfnis, auch die Zwänge der restaurativen österreichischen Gesellschaft abzuschütteln, verstärkte sich aber noch durch die französische Besetzung. Sein Freiheitsbegriff wird jedoch ohne Erinnerung an die Französische

Revolution, an ihre Citoyen-Ideale und ihren sozialen Gehalt vieldeutig und problematisch. Diese Tendenz zeigt sich insbesondere an dem beachtenswerten Fragment eines Spartakus-Dramas, das Grillparzer in den Jahren der Befreiungskriege entworfen hat. *Der Welt Errettung, Tod den Unterdrückern* [33] schwört darin Spartakus mit dem Pathos des bürgerlichen Revolutionärs. Wie in *Blanka von Kastilien* wird dieses Freiheitspathos eigenartig gebrochen durch das Prisma der individuellen Liebe, die den Helden sich selber entfremdet. Spartakus gerät durch die Liebe zu einer Römerin in den Konflikt zwischen politischer Pflicht und persönlicher Neigung. Doch nicht dieser Konflikt ist es eigentlich, der seine Identität gefährdet. Wenn er klagt – *Derselbe bin ich noch, und doch ein andrer!* [34] –, so bezieht sich dies auf die Selbstentfremdung durch das bloße Gefühl der Liebe.

In der Literatur der Aufklärung, des sogenannten Sturm und Drangs und – mit gewissen Einschränkungen (Goethes beiden späten Romanen) – auch noch der Weimarer Klassik erhielt die individuelle Liebe stets einen allgemeinen gesellschaftlichen Sinn, auch und gerade wenn sie in Konflikt mit den politischen Gegebenheiten geriet. Am stärksten dort, wo sie zum tragischen Scheitern der Protagonisten an den Institutionen der alten Gesellschaft führte. Die individuelle Liebe selbst konnte durch diesen Konflikt und diese Verallgemeinerung nicht problematisch werden. Im Gegenteil: sie wurde zur identitätsstiftenden Kraft im Kampf gegen den Absolutismus – mag dieser nun unmittelbar wie etwa in «Kabale und Liebe» oder mittelbar wie im «Werther» gestaltet werden.

In Grillparzers frühem Werk hingegen scheint die Selbstentfremdung an den Platz dieses dramatischen Konflikts einzurücken: Die individuelle Liebe selbst wird problematisch, und durch sie werden es auch die politische Tat und das Handeln überhaupt. Charakteristisch darum die Szene, mit der das Dramenfragment abbricht: Die Gladiatoren stehen unmittelbar vor der Entscheidung zum Aufstand gegen die Römer – *Was hält uns ab zu sprengen diese Ketten? ... / Uns fehlet was den meisten: fester Entschluß. / O, laßt uns frei sein wollen, und wir sind's! ... / Es steht die Tat vor euch gleich einem Riesen.* [35] Das Fragment aber bricht ab, bevor sie mit diesem Riesen, der an die Stelle des römischen Gegners gerückt scheint, fertig werden, bevor sie den festen Entschluß, sich die Freiheit zu erkämpfen, wirklich fassen. Es endet mit der Zerkleinerung des Riesen Freiheit in einzelne, partikuläre Freiheiten. Sobald von den Sklaven gesagt wird: *So viel Gestalten, als es Menschen gibt, / Hat Freiheit* [36], ist der Befreiungskampf schon nicht mehr möglich.

Mit der Nähe zu den Befreiungskriegen wie auch mit der Thematik von Entfremdung und Identitätsverlust in der individuellen Liebe scheint der junge Grillparzer Heinrich von Kleist viel näher zu stehen als seinen großen Vorbildern Lessing, Schiller und Goethe. Kleist selbst gelang es wohl nur deshalb, die «Hermannsschlacht» als heroisches Stück des deutschen

Befreiungskampfes zu Ende zu führen, weil er seinen deutschen Helden Hermann den Cherusker von der zwischenmenschlichen Problematik des Mißtrauens und der Fremdheit freihielt und diese bei ihm fast noch stärker brennende Fragestellung auf die Nebenhandlung der Beziehung Thusneldas zu dem römischen Legaten Ventidius verlagerte. Freilich, Kleist hatte früh schon im Preußentum ein Gegengewicht zu finden geglaubt – Grillparzer aber war noch auf der Suche nach seinem Mythos.

Im übrigen jedoch ist zur Zeit des *Spartakus* in Grillparzers ganzer Lebensführung der Sinn für die Freiheit lebendig. Nachdem sein Vater 1809 gestorben war, mußte er zunächst durch Privatunterricht neben dem eigenen Universitätsstudium für den Unterhalt aufkommen. Als er bald darauf das Studium abschließen konnte, zögerte er, den gewissermaßen vorgeschriebenen Weg in die Beamtenlaufbahn einzuschlagen – er fühlte *einen Widerwillen gegen die Staatsdienste* [37]. *Kann man denn auf keinem andern Wege glücklich werden als auf diesem kotigen Fahrwege, auf dem die Tritte aller dieser juridischen Lastesel eingedrückt sind! Nein, nimmermehr!* [38] Dieser Widerwille dürfte ihn neben den großen finanziellen Nöten der Familie bewogen haben, im März 1812 die Stelle eines Privatlehrers bei einem reichen Grafen, Josef Johann Graf von Seilern, anzunehmen. Er sollte dessen Neffen rechtswissenschaftlichen Unterricht erteilen.

Die Eindrücke, die er dabei gewinnen konnte, vermittelten ihm wohl die ersten Erfahrungen mit dem österreichischen Hochadel. *Der alte Onkel war eine eigentliche Karikatur, höchst borniert, eigenwillig, geizig, bigott... Übrigens hielt er mich für einen Jakobiner, mit welchem Namen er alle bezeichnete, die anders dachten als er...* [39] Über den Sommer zog man samt Privatlehrer auf die Güter nach Mähren – und Grillparzers bis dahin noch relativ unabhängige Stellung verwandelte sich vollends in die traurige eines Hofmeisters. Er mußte seinen Zögling täglich in die Kirche begleiten – wobei er *den Vikar of Wakefield* mitnahm, von dem man im Hause, wegen der geistlichen Benennung Vikar auf dem Titelblatte, nicht zweifelte, daß es ein Gebet- oder Andachtsbuch sei* [40]. Ebenso schrieb er während dieser Zeit unter die selbst verfaßten poetischen Versuche die Worte *aus dem Englischen oder Französischen übersetzt*, damit sie *als Sprachübungen gelten könnten, da jedes Zeichen eines eignen poetischen Talentes den alten Grafen in seiner Meinung, daß ich ein Jakobiner sei, bestärkt haben würde* [41]. Es ist erstaunlich, wie früh Grillparzer die Verhaltensformen eines österreichischen Dichters lernen mußte – poetische Arbeit galt immerhin während des ganzen Vormärz als politisch verdächtig, auch wenn sie noch so sehr die Loyalität aufs Titelblatt sich schrieb. Die

---

* «The Vicar of Wakefield» – 1766 erschienener Roman des englischen Schriftstellers Oliver Goldsmith (1730–74), von großer Bedeutung für die deutsche Literatur (besonders für Goethe und Herder).

Franz Grillparzer.
Jugendbildnis

Hofmeister-Erfahrungen dürften jedenfalls sehr einprägsam gewesen sein, konnte sich Grillparzer doch noch 40 Jahre später die Züge eines wohl typischen Aristokraten der Habsburger Monarchie in aller Schärfe vergegenwärtigen: *Der alte Graf war der schlechteste Schütze von der*

Welt, es schoß daher, angeblich ohne sein Wissen, immer der erste seiner beiden Büchsenspanner zugleich mit ihm. Was nun getroffen wurde hatte der Graf getroffen, ging aber das Wild durch, so wendete sich der alte Herr zornig zu seinem Leibjäger um und sagte: Esel! ... Ebenso konnte er, obwohl er seit dreißig Jahren alljährlich sechs Monate in Mähren zubrachte, nicht ein Wort böhmisch. Daß die Bauern nicht deutsch und nicht französisch verstanden, wußte er, in jeder andern Sprache aber prätendierte er verstanden zu werden. Besonders freigebig war er mit lateinischen Ausdrücken und ärgerte sich, wenn die Bauern nicht wußten, was er wollte.[42]

Kein Wunder, daß Grillparzer bald nach diesen Erfahrungen seinen *Widerwillen gegen die Staatsdienste* überwinden konnte und lieber den Tritten der juridischen Lasteseln folgen wollte – deren Vorfahren einstmals immerhin die glänzende Kavallerie Josephs bildeten –, als weiter im Dienste eines solchen Grafen zu stehen. Im Februar 1813 trat er, zunächst bei der Hofbibliothek und als unbesoldeter Praktikant, seine lebenslange Beamtenlaufbahn an. *Inzwischen beschäftigte ich mich, ich hätte bald gesagt: eifrig, in der Hofbibliothek. Von Eifer war damals in dieser Anstalt überhaupt nicht viel zu bemerken. Die Beamten, beinahe durchaus gutmütige Leute, benahmen sich ungefähr wie die Invaliden in einem Zeughause... bewahren das Vorhandene... und hielten die verbotenen, das heißt alle neuern Büchern, nach Möglichkeit fern.*[43] Dies bildete offenbar die geeignete Vorschule, damit Grillparzer schließlich ein Jahr später und für sehr lange Zeit bei der Finanzhofkammer seinen Dienst beginnen konnte.

1826 schrieb Grillparzer eine kleine Satire – *Zauberflöte zweiter Teil*. Darin findet man Sarastro – in Mozarts Oper der Vorsteher der siegreichen Eingeweihten – in einem *kleinen, ärmlich möblierten Zimmer... in bürgerlicher Kleidung* wieder, versunken in *angenehmer Erinnerung der Vergangenheit: ... «Nu wenn irgend ein Mensch tief gefallen ist, so bin ich's. Kaliph, Vorsteher des mächtigen Sonnenkreises und nun – Kanzleisekretär mit dreihundert Gulden Gehalt...»* – *«Das alles kann wieder kommen!»* versucht ihn die ebenfalls ins Prosaisch-Bürgerliche heruntergekommene Pamina zu trösten. *Sarastro: «Wieder kommen? Hat nicht der abscheuliche Monostatos den Tempel der Weisheit, der Mäßigkeit und Tugend aufgehoben? Besitzt nicht die Königin der Nacht jetzt den mächtigen Sonnenkreis, der eigentlich nichts ist als ein künstlicher Apparat zum Anzünden der Tabakspfeifen? Bin ich nicht in ein Bureau gesteckt und muß nicht Tamino abschreiben im Kanzell [Kanzlei]? Ich habe mich für heute krank gemeldet... aber was übermorgen und überübermorgen, und alle Tage meines Lebens?» (Er weint)*[44] Daraufhin kommt Tamino, der *seine Zauberflöte verloren hat*, vom Amt zurück – *Pamina: «Wie hast du gelebt? Einziger! Geliebter!»* – *Tamino: «Gelebt? Mordio! Lieber zweimal durch*

Grillparzer (rechts) mit Carl Maria von Weber (stehend) und Moritz Saphir (Dritter von links) in der «Ludlamshöhle»

Feuer und Wasser gehen, als einmal in die Kanzlei!»[45] Der plebejische Papageno indessen scheint zum opportunistischen Kleinbürger geworden zu sein, er ist von Sarastro abgefallen und zur Königin der Nacht übergelaufen. *Man hat ihn bestochen. Er ist... Hof-Vögel-Lieferant geworden.*[46]

Sieht man einmal von der späten Erzählung des *Armen Spielmann* ab, so hat Grillparzer kaum je ein prägnanteres Bild für seine eigene gesellschaftliche Lage nach den napoleonischen Kriegen gefunden als in dieser kleinen Gelegenheitsarbeit, die vom Standpunkt der Aufklärung und noch jenseits aller habsburgischen Mythen offen ausspricht, daß die Königin der Nacht – das ancien régime – an die Macht zurückkehrt. *Überhaupt gebt den Auftrag, daß man im Lande nur soviel Papier verfertige, als ich für meine Kanzleien bedarf... Gibt's denn noch Eingeweihte? Wissen Sie denn nicht, daß ich nicht will, daß sie existieren? Ich bin zu mild. Ich lasse niemand hinrichten... Ich muß strenger werden.*[47] Als die Königin der Nacht erfährt, daß die Eingeweihten sich wieder *versammeln*, ordnet sie eine Hausdurchsuchung in Sarastros bescheidener Beamtenwohnung an – obwohl man sich dort ohnehin nur mehr zur harmlosen Lustbarkeit zu treffen scheint, um die Erinnerungen an die alte Zeit aufzufrischen. Zehn Affen, elf Bären und ein Elefant machen sich zu diesem Zweck auf den Weg zu Sarastros Quartier.

Im April 1826 wurde tatsächlich die sogenannte «Ludlamshöhle» durch den Polizeipräsidenten Persa aufgelöst. Bei allen Mitgliedern dieses geselligen Vereins kritisch-aufgeklärter Geister – auch bei Grillparzer – wurden Hausdurchsuchungen und Verhöre vorgenommen. Nach einem solchen Ereignis mußte selbst der Beamte der Hoffinanzkammer zum Satiriker werden und sich – nicht ohne Ironie – seiner weit schon zurückliegenden geistigen Herkunft vergewissern.

Am Ende der Kunstperiode

*Ich bin wie der ewige Jude. Hier bleiben möchte ich
kaum, und doch kann ich nicht sagen, daß ich gerne zu-
rückkehrte.* Grillparzer aus Paris (1836)[48]

Mit der *Ahnfrau* wurde Grillparzer schlagartig berühmt. Nach der Uraufführung am 31. Januar 1817 im Theater an der Wien erlebte das Stück in
kürzester Zeit sensationelle Erfolge auf allen großen deutschen Bühnen –
als Erfolge eines dramatischen Erstlings nur vergleichbar den dreieinhalb
Jahrzehnte zuvor uraufgeführten «Räubern». Auch diesmal schien das
Lebensgefühl einer ganzen Generation berührt worden zu sein. Die Ge-
nerationen freilich unterschieden sich weit mehr schon durch ihr Lebensgefühl als durch die wenigen Jahre, die sie voneinander trennten.
Deutlicher als bei Grillparzers erstem dramatischen Versuch *Blanka von
Kastilien* läßt hier die Gemeinsamkeit von Atmosphäre und Milieu der
Handlung die Unterschiede zu Schillers Konzeption hervortreten. Karl
Moor entscheidet sich bewußt für die Räuberexistenz, um sich gegen die
an ihm verübte Ungerechtigkeit zur Wehr setzen zu können. Grillparzers Jaromir hingegen ist Räuber von Geburt: er geriet als Kind in die
Hände einer Räuberbande, in der er aufwuchs, und weiß nichts von seiner
adeligen Herkunft. Der Zufall der Verschleppung aber erweist sich
schließlich als das Walten eines Fluchs. Denn Jaromir ist dazu verdammt,
sein eigenes Adelsgeschlecht zu vernichten. Er ermordet – ohne es zu
wissen – den eigenen Vater und treibt die Schwester damit in den Selbstmord.

Ja ich tat's, fürwahr ich tat's!
Aber zwischen Stoß und Wunde,
Zwischen Mord und seinem Dolch,
Zwischen Handlung und Erfolg
Dehnt sich eine weite Kluft,
Die des Menschen grübelnd Sinnen,
Seiner Willensmacht Beginnen,
Alle seine Wissenschaft,
Seines Geistes ganze Kraft,

Seine brüstende Erfahrung,
Die nicht älter als ein Tag,
Auszufüllen nicht vermag.
Eine Kluft, in deren Schoß,
Tiefverhüllte, finstre Mächte
Würfeln mit dem schwarzen Los
Über kommende Geschlechte.
Ja, der Wille ist der meine,
Doch die Tat ist dem Geschick...[49]

Grillparzers Handschrift der ersten Seite der «Ahnfrau»

Die tiefverhüllte, finstere Macht enthüllt sich als Fluch der Ahnfrau. Er lastet auf der Familie, seit diese ihren Ehemann betrog und dafür erstochen ward. Die individuelle Liebe, die in *Blanka von Kastilien* und im Spartakus-Fragment schon politisches Handeln gefährdete, verdichtet sich in der Schicksalstragödie zum Fluch, der jede freie Entscheidung unmöglich macht.

«Die Ahnfrau», Szenenbild: Jaromir zwischen Berta und der Ahnfrau vor dem Dolch an der Wand

Von der Eltern Hand gezwungen,
Zu verhaßter Ehe Bund,
Sie vergaß ob neuen Pflichten
Langgehegter Liebe nicht;
In den Armen ihres Buhlen
Überfiel sie der Gemahl.
Durstend seine Schmach zu rächen,

Straft' er selber das Verbrechen
Stieß ins Herz ihr seinen Stahl
. . .
Ruhe ward ihr nicht vergönnet,
Wandeln muß sie ohne Rast,
Bis das Haus ist ausgestorben,
Dessen Mutter sie gewesen . . .[50]

Bemerkenswert ist, daß am Anfang des Verhängnisses doch eine freie Tat stand – eine Tat also, die nicht von einem Fluch determiniert war und die darum ein tragisches Moment noch enthielt. Ist sie vielleicht die letzte Ahnung der «Schicksalsdramatiker» von jenen Idealen der bürgerlichen Emanzipation, für die einst Schiller seine «Räuber» schrieb?

Schon Ludwig Börne hat die *Ahnfrau* auf der Folie der «Räuber» kritisiert. Er spürte sehr deutlich die poetische Kraft Grillparzers, eines «herrlichen und geistreichen Dichters», und erkannte die epochale Bedeutung der *Ahnfrau*. «Gäbe es nur eine größere Zahl solcher dramatischen Dichtungen, daß wir endlich der jämmerlichen Familiengeschichten ledig würden, die wie Wanzen sich in alle Ritzen der Bühnenbretter eingenistet haben.» Die *Ahnfrau* wurde ihm darum zum Exempel, um die «Verwirrung in der Ansicht der dramatischen Kunst der Neueren»[51] – im Geiste Lessings und der deutschen Aufklärung – einer Kritik zu unterziehen. Dabei gesteht er dem Dramatiker durchaus zu, «den Menschen der Macht des Schicksals» zu unterwerfen; doch darf dies «nur in einem Kampf der sittlichen Freiheit gegen die sittliche Notwendigkeit, nicht in

Karikatur zur «Ahnfrau», 1850

einem Widerstreite jener gegen die Notwendigkeit der Naturgesetze dargestellt werden... Wo aber der Enkel die Schulden seiner Voreltern bezahlen und für ihre Sünden büßen soll, wo die Nachkommen als leibeigene Glieder des Familienhauptes, dessen Bewegung sie folgen, angesehen werden; wo das verbrecherische Blut der Ahnen durch die ganze Reihe der Geschlechter fließt und sie versauert, bis endlich die Ader durchgefressen ist und die Schuld, die Buße und das Leben in einem großen Morde ausströmen; wenn dem Schicksalskampfe ein solcher Ausgang gegeben wird, wie in der *Ahnfrau* es geschehen, da hat der Dichter nicht die gerechte Vorsehung, sondern die blinde Naturkraft siegen lassen, und dieser Streit zwischen sittlicher Freiheit und massiver Notwendigkeit, als zwischen ungleichen Waffen, ist gemein und unkünstlerischen Stoffes.»[52]

«Was... will man jetzt mit dem Schicksal? Die Politik ist das Schicksal», äußerte Napoleon 1808 zu Goethe über die «Schicksalsstücke» der tragédie classique, die «einer dunkleren Zeit angehört» hätten.[53] Ein Jahrzehnt später schon schien die Politik vollständig in das blinde naturgesetzliche Schicksal zurückverwandelt. Es blieb die Erinnerung, daß da einmal Aufklärung und Politik waren. Der Versuch der Befreiung und der Emanzipation aber wird im Schicksalsdrama geradezu der Ursprung des Fluchs selbst.

Unter diesem Aspekt muß man auch den Einfluß der Calderónschen Dramatik, die damals eine Renaissance erlebte, und der Gespenster-, Ritter- und Zauberstücke des Alt-Wiener Volkstheaters auf Grillparzers *Ahnfrau* betrachten – und vielleicht relativieren, was Walter Benjamin als barocke Kontinuität begriffen hat: «Das Biedermeier sah die Auferstehung der barocken Bühne im Schicksalsdrama. Es sah die Nachblüte der die Dinge verwandelnden, dem eigenen Wesen zu sinnbildlichen Gebrauch sie entfremdenden Allegorie im Zauber- und Feenmärchen. Es hörte die opernhafte Sprache der Barockpoeten in einer Art Spieldosen-Lyrik nachklingen.»[54]

Die Auferstehung des barocken Trauerspiels im Schicksalsdrama erweist sich eher als Seelenwanderung eines Motivs zwischen sehr unterschiedlichen ideologischen Gestalten. Zum einen gab es im Calderónschen Trauerspiel keinerlei freie, im strengen Sinn tragische Tat, die den Mechanismus des Fluchs in Gang gesetzt hätte. Alles Handeln – auch schon das vergangene – war hingegen astrologisch oder heilsgeschichtlich vorherbestimmt. Zum andern fehlt dem modernen Schicksalsdrama jene göttliche oder christlich-herrscherliche Gnade, die das Verhängnis letztlich wieder aufzuheben vermochte. Die herrschenden Mächte der *Ahnfrau* bleiben für immer *finstre, tiefverhüllte* – unerkennbar und irrational. Der Tod allein, auf den das blinde Schicksal zusteuert, ist letzte Instanz; er allein und keine Gnade, keine religiöse Transzendenz, tilgt die Schuld durch die Vertilgung des Schuldigen.

In den Kostümen, Kulissen und holpernden Trochäen eines Gespenster- und Ritterstücks entdeckt man mit einemmal den modernsten Gehalt. Bis hin zum existentialistischen Drama scheint bloß das altmodische Gewand gegen ein neues getauscht. Unverändert aber blieb, daß die gesellschaftlichen Beziehungen der Menschen zueinander als verselbständigte Macht über den Individuen erscheinen. Nur wenigen Dramatikern – wie etwa Büchner oder Brecht – gelang es seit dem Ende der Weimarer Kunstperiode, diese Macht wieder als gesellschaftliche Beziehung der Individuen zu dechiffrieren und den Fetisch der *tiefverhüllten finstren Mächte* aufzulösen.

Interessant und für die weitere Entwicklung Grillparzers kennzeichnend ist allerdings, daß er selbst sich immer von der Schicksalsidee distanzieren wollte, diese entweder für die *Ahnfrau* abgestritten, umgedeutet hat oder seinem damaligen Förderer und Dramaturgen Joseph Schreyvogel in die Schuhe schieben wollte. Denn zur Zeit der *Ahnfrau* stand Grillparzer entschieden auf dem Standpunkt der Ästhetik der Weimarer Klassik, die ihren vielleicht klarsten Ausdruck im Briefwechsel von Goethe und Schiller gefunden hatte. Das Schicksalsdrama der *Ahnfrau* war Grillparzer gewissermaßen passiert. Gedrängt von Schreyvogel, der als Theatermann mit dem Zeitgeist sehr vertraut war und den Erfolg sicherlich schon witterte, aber gegen seinen eigenen ästhetischen Verstand schrieb der unbarmherzige Kritiker der Romantik, der Ästhetiker aus der Schule Goethes und der Verehrer Lessings und Mozarts das nach Müllners «Schuld» wohl berühmteste Schicksalsdrama. Mit der *Ahnfrau* beginnt in Grillparzers geistigem Haushalt die Diskrepanz zwischen der eigenen, von subjektiven Gefühlen geleiteten literarischen Produktion und dem an der Weimarer Klassik und der Aufklärung geschulten kritischen Kunstverstand, die als unerschöpfliche Quelle seiner selbstquälerischen Reflexionen sich erweisen sollte.

Über sie mußte Grillparzer wohl so tief erschrocken sein, als er im Theater an der Wien die Uraufführung seines Stücks miterlebte. Sein verheimlichtes Inneres, sein unbewußtes Lebensgefühl fand er plötzlich szenisch vor sich ausgebreitet und versinnlicht. *Woher kommt wohl die unbeschreiblich widerliche Empfindung, die mich abhält oder es mir vielmehr unmöglich macht, noch einmal einer Vorstellung meiner «Ahnfrau» beizuwohnen? ... Die Gestalten, die man geschaffen und halb schwebend in die Luft gestellt hat, vor sich hintreten, sich verkörpern zu sehen, den Klang ihrer Fußtritte zu hören, ist etwas höchst Sonderbares. Die Aufführung meines Stückes hat auch offenbar mein Schamgefühl verletzt. Es ist etwas in mir, das sagt, es sei ebenso unschicklich, das Innere nackt zu zeigen als das Äußere.*[55] Bei der Lektüre der Novellen Heinrich von Kleists empfand Grillparzer ein ganz ähnliches Gefühl: aus allem leuchtete ihm *die Haltlosigkeit, die Selbstzerstörung des Verfassers*[56] hervor. Erschrocken aber über die eigene Tendenz zu solcher Haltlosigkeit und Selbstzerstörung wandte er sich in seinen folgenden Stücken den am sichersten von der Prosa des modernen Lebens abgeschirmten Bezirken der Weimarer Kunstperiode zu: der klassischen Antike und dem griechischen Mythos. Doch wie den armen Jaromir sollte ihn auch dorthin der romantische Fluch des Schicksalsdramas verfolgen.

Ich nahm mir vor, mein nächstes Produkt ein Gegenstück dieses tollen Treibens werden zu lassen – so lauten die Konsequenzen, die Grillparzer aus der *Ahnfrau* zog. In der Behandlung des Stoffs wollte er nunmehr *eine Ruhe walten... lassen, die ihn vor der Gefahr des Selbstmitleids bewahrte... Dazu gesellte sich... der Kontrast zwischen Kunst und Leben.*[57] Aus dieser inneren Bedrängnis heraus versucht Grillparzer mit *Sappho* gewissermaßen klassischer zu sein als die Weimarer Klassik. Denn es soll in diesem Drama die relative Autonomie der Kunst zur absoluten erklärt werden. Durch den stets gewahrten Bezug der Weimarer Klassiker auf das ethische Handeln blieb die Ästhetik sich durchweg der Relativität ihrer Autonomie bewußt. Gerade dieser Zusammenhang von Ethik und Ästhetik wird in *Sappho* aufgelöst, und Grillparzer trifft sich darum erneut – und abermals ohne es zu ahnen – mit zentralen Motiven der deutschen Romantik. *Es lag in meinem Plane nicht die Mißgunst, das An-*

Ankündigung der Uraufführung von «Sappho» im Hofburgtheater

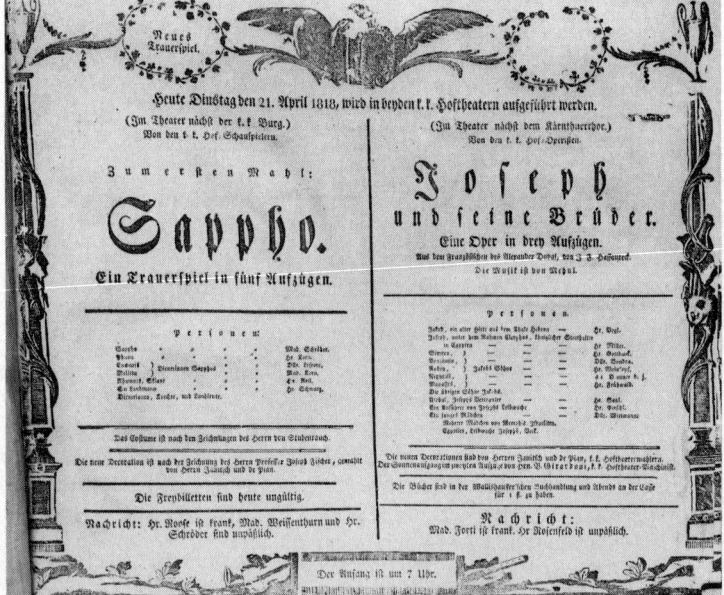

Szenenbild aus «Sappho» mit Sophie Schröder in der Hauptrolle

kämpfen des Lebens gegen die Kunst zu schildern wie in ... Tasso sondern die natürliche Scheidewand, die zwischen beiden befestigt ist.[58] Die natürliche Scheidewand trennt die griechische Dichterin Sappho von ihren eigenen Bedürfnissen als Frau und Liebende. Ihr Versuch, in der Liebesbeziehung mit Phaon aus dem abgehobenen Dasein als Künstlerin und Priesterin ins Leben zurückzutreten, scheitert – und muß scheitern von Anbeginn. Denn Grillparzer setzt mit der natürlichen Scheidewand die Kunst als neue Transzendenz an die Stelle der alten religiösen.

> *O Törin! warum stieg ich von den Höhn,*
> *Die Lorbeer krönt, wo Agrippe rauscht*
> *...*
> *Hernieder in das engbegrenzte Tal*
> *Wo Armut herrscht und Treubruch und Verbrechen?*
> *Dort oben war mein Platz, dort an den Wolken,*
> *Hier ist kein Ort für mich als nur das Grab.*
> *Wen Götter sich zum Eigentum erlesen,*
> *Geselle sich zu Erdenbürgern nicht,*
> *Der Menschen und der Überird'schen Los*
> *Es mischt sich nimmer in demselben Becher ...*[59]

41

Der Gegensatz von Kunst und Leben übernimmt die Rolle des Fluchs aus dem Schicksalsdrama. Zu Beginn bereits ist das Ende unmittelbar spürbar, es nähert sich unaufhaltsam.

Die völlige Trennung von Kunst und Leben gefährdet auch den Charakter Sapphos; statt als bewegender, Entscheidungen herausfordernder ethischer Widerspruch zu wirken, droht der Zwiespalt Sapphos Persönlichkeit im Paradoxon erstarren zu lassen. So hat es zumindest Börne empfunden, dem doch auch dieses Drama Grillparzers im Vergleich zur zeitgenössischen Produktion als «wundervoller paradiesischer Garten» [60] erschien. «Wir müssen der Sappho vergessen, sollen wir dem Weibe seine Liebe verzeihen, aber wenn wir der Sappho vergessen, welche Teilnahme kann noch ferner eine alltägliche Schwäche bei uns finden? ... und durch diese Nachbarschaft von Größe und Schwäche wird Ehrfurcht wie Mitleid von uns abgewehrt... Sie denkt über ihre Liebe, und die wahre Liebe denkt nicht. Sie will auf ihrem Herzen spielen wie auf ihrer Leier; aber bei der wahren Liebe ist eins, Finger und Saite. Sie lauscht dem Urteil der Welt, um es zu verschmähen; aber die wahre Liebe vergißt die Welt und hört nicht, was sie spricht.» [61]

Mit Goethes «Iphigenie» hat *Sappho* darum einzig das griechische Milieu gemeinsam. (Oder genauer: die Antike wird erst in *Sappho* zum Milieu.) Der inhaltliche Vergleich mit «Iphigenie», der so oft bemüht wird, geht in Wahrheit leer aus. So erscheint *Sappho* im Verhältnis zur Weimarer Klassik als das erst im engeren Sinn klassizistische Drama, wenn Klassizismus bedeuten soll, daß die antike Welt zum Milieu des Elfenbeinturms gerät. Iphigenie vermag herabzusteigen von den Höhen ihres Priestertums und einzugreifen ins Geschehen und in die Beziehungen der Menschen. Die durchlässige Scheidewand aber, die sie als Priesterin, vor allem aber auch als Frau von der männlichen Barbarei – unterentwickelter oder entwickelter Kulturen – trennt, ist geradezu die conditio sine qua non für ihre ethische und gesellschaftliche Wirksamkeit.

Mit seinem nächsten Projekt, der Argonauten-Trilogie *Das goldene Vlies* (in den Jahren 1818 bis 1821 geschrieben), blieb Grillparzer dem antiken Stoff treu. Die Trilogie behandelt den Mythos vom goldenen Vlies – einem mit magischen Kräften ausgestatteten Widderfell, das den Griechen geraubt und in das barbarische Kolchis gebracht wurde. Unter der Führung Jasons machen sich die Griechen – die Argonauten – zu Schiff auf den Weg nach Kolchis. Nach harten Kämpfen mit den Kolchern entkommen sie mit dem Vlies, begleitet aber auch von Medea, der Tochter des Königs von Kolchis, die Jason liebt. Sie finden schließlich Aufnahme beim König von Korinth. Dieser bietet Jason an, sein Schwiegersohn zu werden. Medea soll verstoßen werden. Als Jason einwilligt, rächt sich Medea, indem sie die Tochter des Königs, Kreusa, und die eigenen Kinder ermordet.

Auch in diesem Drama ringt Grillparzer letztlich mit dem Schicksals-

und Fluchmotiv – hier vor allem verkörpert vom Gegenstand des Vlieses, das den Handlungs- und Entscheidungsspielraum der Personen aufzuheben droht. *Merk' dir*, schrieb Grillparzer während der Arbeit an der Trilogie, *was dich an der Medea verletzt, ist das zu starke Hervortreten des Vlieses... Es muß weniger von den Personen ausdrücklich Bedeutung auf das Vlies gelegt werden, als sich aus dem Ganzen von selbst ergeben.*[62] Das Gelingen der Tragödie dreht sich um die Alternative, ob das Vlies als bloßes Symbol des Ganzen der Handlung erscheint oder ob es die Handlung selbst determiniert. Auch hier zeigt der Vergleich mit Goethes Iphigenie, worin die symbolische Aufhebung des Mythos bestünde. Das Handeln Iphigenies – als Frau und als Mittlerin zwischen entwickelter und unterentwickelter Kultur – setzt sich gegenüber der determinierenden Macht des Fatums letztlich durch: Der Orakelspruch Apolls, ein verblaßtes Zeichen dieser Macht, vermag gerade kraft seiner Zweideutigkeit zu einem Symbol für die alternativen Möglichkeiten menschlichen Handelns zu werden.

Vor der drohenden Schicksalsdramatik, die diese Möglichkeiten liquidiert, versucht Grillparzer im letzten und bedeutendsten Teil der Trilogie – in der *Medea* – auszuweichen in den Konflikt zwischen Jason und Medea, wo ihm noch Entscheidungsfreiheit verbürgt scheint. Hier, in der Auseinandersetzung von Jason und Medea, bietet sich ihm auch vom antiken Stoff her die Möglichkeit, einen tragischen Gehalt zu entwickeln. In dem Bild, das Medea von Jason entwirft, zeichnet sich der Konflikt von Matriarchat und patriarchalischer Herrschaft ab, wie er im mythischen Stoff von Medea – der Magierin aus einer matriarchalischen Welt – enthalten ist.

> *Du kennst ihn nicht, ich aber kenn ihn ganz.*
> *Nur Er ist da, Er in der weiten Welt*
> *Und alles Andre nichts als Stoff zu Taten.*
> *Voll Selbstheit, nicht des Nutzens doch des Sinns,*
> *Spielt er mit seinem und der andern Glück.*
> *Lockt's ihn nach Ruhm, so schlägt er einen tot,*
> *Will er ein Weib, so holt er Eine sich,*
> *Was auch darüber bricht, was kümmert's ihn!*
> *Er tut nur Recht, doch recht ist, was er will.*
> *Du kennst ihn nicht, ich aber kenn ihn ganz*
> *Und denk ich an die Dinge, die geschehn,*
> *Ich könnt' ihn sterben sehn und lachen drob...*[63]

Wo die Wesenszüge des Patriarchats im persönlichen Konflikt so deutlich hervortreten, finden sich zweifellos die stärksten tragischen Momente der ganzen Trilogie. Doch solche Stellen bleiben selten. Medea selbst ist – wie viele Figuren Grillparzers – von Anbeginn zu zwiespältig

Zeichnung von Grillparzer zum «Goldenen Vlies»: Medea und Jason

und unentschlossen in ihrem Innern, zu modern gezeichnet, um den matriarchalischen Standpunkt noch versinnlichen und zur echten Antagonistin der patriarchalischen Kultur werden zu können. Im Privaten hingegen scheinen die Zwiespältigen und Unentschlossenen von vornherein zu Hause: der Konflikt Jason–Medea droht zum privaten Ehestreit zu schrumpfen. Manche ihrer Dialoge muten tatsächlich an wie biedermeierlicher Ehezank, dem nur das griechische Kostüm Erhabenheit verleiht. Gegenüber dieser Privatisierung ethischer und gesellschaftlicher Konflikte rückt der allgemeine Gegensatz von «Barbarei» und Kultur, Matriarchat und Patriarchat in den Hintergrund. Auch Medeas Herkunft erscheint keineswegs in moralisch besserem Licht, sie wird in keiner Weise romantisch verherrlicht. So bleibt der ganze gesellschaftliche Antagonismus in einem ethischen Zwielicht, das die privaten Konflikte der Individuen nur mehr wie ein düsteres Bühnenlicht umgibt. Nicht zwei antagonistische Ordnungen oder Mächte stoßen aufeinander in Grillparzers Trilogie, sondern zwei vereinzelte Individuen, deren gesellschaftliches Sein zum bloßen Milieu veräußerlicht wird.

In der Zurückgezogenheit des Privaten geht aber die Möglichkeit der

Individuen zu Entscheidung und Tat endgültig verloren. Und dies bildet als Entfremdung in der individuellen Liebe, als Identitätskrise der sich Liebenden das eigentliche Hauptthema Grillparzers.

> Es gibt ein Etwas in des Menschen Wesen,
> Das, unabhängig von des Eigners Willen,
> Anzieht und abstößt mit blinder Gewalt,
> Wie vom Blitz zum Metall, vom Magnet zum Eisen,
> Besteht ein Zug, ein geheimnisvoller Zug
> Vom Menschen zum Menschen, von Brust zu Brust...[64]

Dieses Gefühl Medeas erweist sich keineswegs als das geschlechtliche im historischen Urzustand gewissermaßen, sondern als sehr modernes: es richtet sich ausschließlich auf Jasons Person, und es entfremdet Medea von ihrer eigenen: *Und ich bin nicht mehr, die ich bin.*[65] Ebenso empfindet Jason, der doch aus einer entwickelteren Gesellschaft kommt:

> Und wieder, ist das Fremde mir bekannt,
> So wird dafür mir, was bekannt, ein Fremdes
> Ich selber bin mir Gegenstand geworden,
> Ein andrer denkt in mir, ein andrer handelt...[66]

Die Menschen verlieren sich bei Grillparzer in der Liebe zum anderen; und hört diese auch bald auf, so finden sie sich selbst nicht wieder.

> *JASON: Berührst du mich?*
> *Laß ab von mir, du meiner Tage Fluch*
> *Die mir geraubt mein Leben und mein Glück*
> . . .
> *Doch vorher gib mir wieder, was du nahmst*
> *Gib Jason mir zurücke, Frevlerin!*
> *MEDEA: Zurück willst du den Jason? Hier! Hier nimm ihn*
> *Allein wer gibt Medeen mir, wer mich?*[67]

Die Selbstentfremdung in der Liebe betrifft beide Geschlechter gleichermaßen; niemand vermag ihr zu entkommen. Jason kann sich bloß auf die Mächte seines patriarchalischen Milieus stützen und darum Medea verlassen. Medea aber greift zurück auf die Handlungsweisen ihrer Herkunft und rächt sich mit ihren Mitteln.

Der Rest ist biedermeierliche Moral.

> *MEDEA: Ein kummervolles Dasein bricht dir an*
> *Doch was auch kommen mag: Halt aus!*
> *Und sei im Tragen stärker als im Handeln*
> . . .

Erkennst das Zeichen du, um das du rangst?
Das dir ein Ruhm war und ein Glück dir schien?
Was ist der Erde Glück? – Ein Schatten!
Was ist der Erde Ruhm? – Ein Traum!
Du Armer! der von Schatten du geträumt!
Der Traum ist aus, allein die Nacht noch nicht.[68]

Die Entsagung am Ende der Tragödie ist jedoch auch eine Kapitulation vor dem Mythos: Medea beläßt dem Mythos, der magischen Macht des Vlieses über die Menschen, alle Rechte, wenn sie ankündigt:

Nach Delphi geh' ich. An Gottes Altar.
Von wo das Vlies einst Phryxus weggenommen,
Häng' ich, dem dunklen Gott das Seine gebend,
Es auf, das selbst die Flamme nicht verletzt
Und das hervorging, ganz und unversehrt,
Aus der Korintherfürstin blut'gem Brande.[69]

Als «Darstellung des respektierten Mythos und einer ohnmächtigen Aufklärung» hat Hans Mayer Grillparzers *Medea* bezeichnet – und hierin noch den Unterschied zu Kleists «Penthesilea» als der völligen «Zurücknahme der Aufklärung und Retablierung des Mythos» wahrgenommen.[70]

Im Sinne einer ohnmächtig gewordenen Aufklärung muß man auch die Bemerkung des jungen Georg Lukács über Grillparzer verstehen, daß nämlich «die Vorstellungen vom Leben, die Träume als das Leben bewegende Kräfte sich nie ins Leben einfügen können. Bei Grillparzer weitet sich das aber auf alle Manifestationen des ganzen Lebens aus, seine Dichtung wird die Dichtung der Enttäuschung... diese ewige Nicht-Übereinstimmung der Ideologie und der Handlungsmöglichkeit ist das a priori der Grillparzerschen Welt.»[71]

Die Argonauten-Trilogie entpuppt sich in all dem als Gegenentwurf zu Goethes «Faust». Nicht zufällig wohl erinnert sich Grillparzer zur Zeit der Fertigstellung seines Werks an ein älteres Projekt, worin er Goethes «Faust» – von dem damals eben nur der erste Teil existierte – *fortzusetzen und bis zum Ende zu führen sich vorgenommen hatte. Ich erinnere mich von meinem damaligen Ideengange nur so viel, daß ich nach Gretchens entsetzlicher Katastrophe Fausten in sich zurückkehren und nun finden lassen wollte... worin eigentlich das Glück besteht: in Selbstbegrenzung und Seelenfrieden. Wie er nun den Teufel aller Verbindlichkeiten entläßt, ihn verabschiedet und nur Ruhe will für die noch übrigen Tage seines Lebens. Er senkt sich nun mit Liebe ein in all die kleinen Verhältnisse des menschlichen Lebens, fängt an zu schmecken, was sie Süßes enthalten für den, der sich ihnen ganz hinzugeben vermag.*[72]

Als Goethe sich einige Jahre später selbst an die Fortführung seiner Tragödie machte, ließ er Faust den genau entgegengesetzten Weg

Joseph Schreyvogel.
Zeichnung von Josef Mukarowsky

einschlagen: aus der kleinen Welt der Gretchen-Tragödie in die große historische des zweiten Teils – zum gesellschaftlichen Handeln. Demgegenüber liest sich Grillparzers Entwurf zunächst wie das Programm des Biedermeiers. Freilich konnte sich der Dichter der *Ahnfrau* kaum bei den *kleinen, süßen* Verhältnissen des menschlichen Lebens beruhigen – und so nimmt doch alles ein böses Ende: Wie begierig Grillparzers Faust *auch alles ergreift, auf Augenblicke eingeht in den Genuß all des unschuldigen Glücks* – er wird doch immer wieder *zurückgeworfen... durch das Bewußtsein seiner vorausgegangenen Handlungen, seiner frühern Verworfenheit.* Der Teufel aber fördert raffinierterweise gerade die unschuldigen kleinen Genüsse, um *ihn so am sichersten zur Verzweiflung zu bringen. Das geschieht auch.* Faust selbst ruft *den Teufel und läßt ihn den Vertrag vollziehen noch vor der Zeit*[73].

Erst mit *Sappho* und dem *Goldenen Vlies* wurde Grillparzer für das Hofburgtheater akzeptabel. Die *Ahnfrau* ließ Schreyvogel, der selbst Dramaturg des Burgtheaters war, auf dem Theater an der Wien in Szene gehen. Schreyvogel hatte überhaupt wesentlichen Anteil an Erfolg und Aufstieg des jungen Grillparzer. «Dies Talent habe ich großenteils geweckt und ihm Selbstvertrauen gegeben. Er gesteht es auch»[74], schreibt Schreyvogel während der Zeit der ersten Zusammenarbeit in sein Tagebuch. «Ich

47

fühle eine väterliche Zuneigung zu diesem jungen Mann.»[75] Grillparzer scheint ihm «hypochondrisch», doch hat ihn der «Erfolg seines Stücks sehr erheitert»[76].

Der Erfolg der *Ahnfrau* führte Grillparzer auch in den berühmten Salon der Caroline Pichler ein. Er – der sich selbst charakterisierte als *von Natur schüchtern und unbeholfen, durch frühes Unglück zur Schwermut und Selbstpeinigung*[77] neigend – dürfte freilich in diesem illustren Salon nicht so reüssiert haben wie auf der Theaterbühne. Dies lassen gewisse zurückhaltende Bemerkungen der sonst so schwärmerischen Caroline Pichler vermuten, wonach «der Reichtum eines höchstgebildeten Geistes und eines edlen Gemüts sich nicht so deutlich in allem, was er tat und sprach, gezeigt hätte»[78].

Die Aufführung von *Sappho* im April 1818 läßt Grillparzers Ansehen noch höher steigen. «Die ganze Stadt ist durch die *Sappho* in Bewegung gesetzt. Das Glück des jungen Manns ist gemacht», notiert Schreyvogel. «Die Großen machen sich mit dem Verfasser der *Sappho* zu tun. Metternich und Stadion haben ihn zu sich kommen lassen.»[79] Tatsächlich gewährt Graf Philipp Stadion – Finanzminister und somit Grillparzers Vorgesetzter – dem Dichter der *Sappho* eine jährliche Pension aus der Hofburgtheaterkasse, mit der einzigen Auflage, jedes neue Stück zuerst dem Burgtheater zur Aufführung anzubieten. Außerdem erleichterte ihm Stadion auch seine Tätigkeit als Beamter durch die Verkürzung der Arbeitszeit.

Mit der plötzlich eingetretenen Berühmtheit änderten sich indessen Grillparzers persönliche Lebensumstände zunächst kaum. Einige Zeit nach der Uraufführung der *Ahnfrau* schrieb die Mutter an seinen Bruder Camillo: «... jeder Gulden kommt mir sehr schwer an herzugeben, ich halte mir keinen Dienstboten, koche selbst und mache alle Arbeit, was mich ziemlich zu Grunde richt' ... Der Franz hat wohl für sein Trauerspiel 5 hundert Gulden bekommen» – davon mußte er jedoch, wie sie weiter berichtet, ein paar hundert Gulden Schulden bezahlen – «dann hat er sich von den Hemden angefangt equipieren müssen; er konnte sich zwei Jahre schon nichts mehr schaffen, weil sein Geld bloß auf Zins, Holz und Kost aufgegangen.»[80]

Die finanzielle Lage verbessert sich zwar bald durch den Erfolg des zweiten Stücks – die Familie geht dennoch zugrunde: Noch im Jahr der Aufführung der *Ahnfrau* ertränkt sich sein siebzehnjähriger Bruder Adolf in der Donau – aus Furcht, ein schlechter Mensch zu werden, wie er in einem Abschiedsbrief schreibt. Zwei Jahre später, im Januar 1819, findet Grillparzer seine Mutter erhängt, als er in ihr Zimmer treten will. In einem ihrer häufigen Anfälle von Melancholie hat sie sich das Leben genommen. Der Schock dieses – in der Öffentlichkeit sorgsam verschwiegenen – Selbstmords stürzt ihn in eine tiefe und lange Krise. Der väterliche Freund Schreyvogel fürchtet um dessen «eigene Erhaltung»[81].

Grillparzer. Kupferstich von Th. Weger nach einem Gemälde von Moritz Daffinger

Franz Grillparzer überfällt dieses Ereignis während seiner Arbeit am *Goldenen Vlies*, und es macht ihm ihre Fortführung unmöglich. Er entschließt sich rasch zu einer Reise nach Italien, um sich aus der seelischen und künstlerischen Depression zu retten.

Auf dieser Reise, die er im Frühjahr 1819 antritt, gelingt es ihm jedoch kaum, seine subjektive Stimmung im Erlebnis der erhabenen Allgemeinheit der klassischen Kultur aufzuheben. Fast scheint es, als würde ihn dieses Erlebnis eher bedrücken als erlösen, ihn noch mehr auf sich selbst zurückwerfen: *... ich war vielmehr in einem immerwährenden Zustande der Dumpfheit... Im Ganzen hat der Eindruck, den Rom macht, beinahe* *etwas Unangenehmes. So zu jagen von einem Museum zum andern, von einem Denkmal zum andern, von einer Herrlichkeit zu einer größeren und dabei in einem fremden Land, wo alles Anders ist, als bei uns – man braucht tüchtige Nerven; die meinigen hielten es nicht aus.*[82]

Es sind dies Gefühle und Gedanken einer Italien-Reise am Ende der Kunstperiode. Grillparzer erkennt zwar noch mit dem Verstand den Wert der Werke Roms und weiß sie auf dem Niveau der Weimarer Ästhetik zu beurteilen und zu beschreiben, doch sie werden ihm nicht mehr zu einem inneren Erlebnis und einer individuellen Bereicherung – wie noch auf Goethes Italienischer Reise. Bei Grillparzer ist wohl zum erstenmal die belebende Wirkung des klassischen Südens für einen deutschen bzw. europäischen Schriftsteller ausgeblieben. Rom liegt für ihn *ganz tot und unbeweglich* da – *nur Stückwerk, kirchliches und heidnisches, altes und neues, lebloses und belebtes treiben sich da in so buntem Wechsel untereinander, daß man bald entzückt ist bis zur Verrücktheit und bald so mißmutig, daß man sterben möchte und wirklich krank wird.*[83]

Solche disharmonischen Gefühle im Angesicht des Klassischen teilt er mit Heine. Als dieser ein Jahrzehnt später seine kleine Italien-Reise von «München nach Genua» unternahm, konnte sich allerdings an solchen Disharmonien eine Ironie entzünden, die ihren Bezugspunkt bereits in einer neuen Weltanschauung, in einer neuen, unmittelbar politischen Sicht der gesellschaftlichen Verhältnisse gewann. Beides – die Ironie und ihr weltanschaulicher Bezugspunkt – fehlte Grillparzer. Heine empfindet jedoch genau jene Diskrepanz zwischen den «stolzen römischen Geistern», die er auch auf die Geister der Französischen Revolution und Napoleon Bonapartes bezieht, und der «christlich östreichischen Gegenwart»[84], der auch Grillparzer in den wenigen Gedichten, die er aus Italien mitbrachte – und die *noch dazu nicht censurrecht sind*[85] –, Ausdruck verlieh. Ihr ästhetischer Mangel liegt eben dort, wo Heines Stärke beginnt: es fehlt ihnen die Ironie, mit der Heine das Ende der Kunstperiode und der heroischen Illusionen des Bürgertums in der Phase der Restauration überlebte.

Zu diesen, nicht der Selbstzensur geopferten Gedichten zählt eines an die Ruinen des *campo vaccino*, als dem Symbol antiker Kultur, das an einer Stelle Bezug nimmt auf das kirchliche Kreuz, wie es zu dieser Zeit deutlich sichtbar am Kolosseum angebracht war (das Kolosseum diente einige Zeit als Stätte der Inquisition):

> *Und damit, verhöhnt, zerschlagen,*
> *Du den Martertod erwarbst,*
> *Mußtest du das Kreuz noch tragen,*
> *An dem, Herrliche, du starbst!*
> *Nehmt es weg, dies heil'ge Zeichen!*
> *Alle Welt gehört ja dir . . .*[86]

Das Kolosseum in der ersten Hälfte des 19. Jahrhunderts:
in der Mitte steht ein Kreuz. Stich von Luigi Rossini

Es erwies sich bald, wie wenig *censurrecht* dieses Gedicht war – be-
schuldigte es doch unverhohlen die Kirche, die antike Kultur vernichtet
und mißbraucht zu haben. Als es nach der Rückkehr Grillparzers in dem
Taschenbuch-Almanach «Aglaia» publiziert werden sollte, kam es zum

Skandal. Durch geistliche Behörden veranlaßt, wurden von der Zensur alle bereits gedruckten Exemplare eingezogen und die Bogen umgedruckt. Darüber sichtlich befriedigt, schrieb Kaiser Franz dem Polizeipräsidenten Graf Sedlnitzky: «Sie haben ganz recht getan, das... Gedicht des Grillparzer aus dem Taschenbuch Aglaia herausnehmen zu lassen und werden Sie den Verfasser desselben vorrufen und ihm in Meinem Namen einen strengen Verweis... erteilen... ein solches Benehmen verrät eine schiefe Bildung des Verstandes, wenn nicht gar ein verdorbenes Gemüt. Übrigens werden Sie ihm bedeuten, daß, da er zugleich Beamter ist, ihm bei einem einmaligen Rückfalle die Entlassung aus Meinem Dienste bevorsteht.» [87]

Das inkriminierte Gedicht stellte, wie mit dankenswerter Klarheit aus des Kaisers Worten hervorgeht, Grillparzer vor die Entscheidung, sich zu unterwerfen und keinen Rückfall mehr ins Denken der Aufklärung zu riskieren – oder auszuwandern, denn in der Gesellschaft der Habsburger Monarchie war an eine Existenz als freier Schriftsteller nicht zu denken.

Franz Grillparzer entschied sich – zum erstenmal – zur Unterwerfung. Und dies verwandelte seine durch den Tod der Mutter ausgelöste seelische Krise in eine permanente politische und künstlerische. Die schließlich doch zu Ende geführte *Argonauten*-Trilogie trägt das Stigma von Grillparzers Unterwerfung. In Medeas Schlußworten, in der biedermeierlich-resignierten Aufhebung aller tragischen Möglichkeiten des Handelns scheint er selbst mit der österreichischen Misere sich abgefunden zu haben – allerdings ohne jede Illusion über die Wirklichkeit dieser Misere: *Ein kummervolles Dasein bricht dir an / Doch was auch kommen mag: Halte aus / Und sei im Tragen stärker als im Handeln... / Du Armer! der von Schatten du geträumt! / Der Traum ist aus, allein die Nacht noch nicht.* [88]

Eine ganze Generation von Schriftstellern und Künstlern des Vormärz konnte diese Worte unmittelbar auf sich beziehen. Nur einer, ein völlig Vereinzelter und Vereinsamter blieb sich – über den Wiener Kongreß hinaus – treu: Sei im Handeln stärker als im Tragen – sei im Handeln für die Freiheit stärker als im Ertragen der Tyrannei. Dies ist im Gegensatz zur Medea die Moral von Beethovens Leonore, und Beethoven rückte auch nicht von ihr ab, als der von Leonore gestürzte Tyrann sich in der Wirklichkeit der Restauration an der Macht behaupten konnte. War es doch auch Leonore, die um der Hoffnungslosen willen die Hoffnung nicht aufgab.

> Komm, Hoffnung, laß den letzten Stern
> Der Müden nicht erbleichen!
> Erhell mein Ziel, sei's noch so fern
> Die Liebe wird's erreichen. [89]

Wilhelmine Schröder-Devrient als Leonore in «Fidelio».
Lithographie von W. Santer

Noch in den letzten Lebensjahren Beethovens strahlte etwas davon in die zum Biedermeier sich zusammenkauernde Hoffnungslosigkeit des josephinischen Beamten.

Den Musikern kann doch die Zensur nichts anhaben. Wenn man nur wüßte, was Sie bei Ihrer Musik denken[90], schrieb Grillparzer in Beethovens Konversationsheft. Als er Beethoven 1823 persönlich kennenlernte, war dieser bereits so schwerhörig, daß man sich ihm nur mehr schriftlich verständlich machen konnte. Beethoven war zu dieser Zeit auf der Suche nach einem Textbuch für eine neue Oper und wandte sich darum an Grillparzer. Er war ihm offenbar durch seine Schwierigkeiten mit der Zensur sympathisch geworden; es dürfte ihn aber auch die düstere poetische Atmosphäre der *Ahnfrau* durchaus beeindruckt haben, sowenig er auch die Konsequenzen ihrer Schicksalsidee teilen konnte. In jammerndem Ton eröffnet Grillparzer die Konversation – *Wenn Sie erst so geplagt würden wie ich! Ich bin sogar Beamter!*[91] In der Nähe des großen Musikers vermag Grillparzer das bloße Jammern zu überwinden. Der Zorn auf die Reaktion wird offensichtlich durch diese Berührung in ihm wachgerüttelt und die verschiedenen, sonst in seinem Charakter scheinbar schon verschlossenen Alternativen des Handelns und Lebens tauchen erneut auf. «Auf Grillparzer hat es gewiß großen Einfluß, daß sie ihm heute so Mut zugesprochen haben... Es scheint, daß er sich gerne nachgibt»[92], äußerte Carl Holz zu Beethoven nach einem Besuch Grillparzers.

Kaum jemals zuvor hatte Grillparzer eine konkretere Vorstellung von Humanismus und geschichtlichem Fortschritt als in dieser Zeit der Begegnung mit Beethoven. Zum erstenmal ringt er sich durch zur Erkenntnis der epochalen Bedeutung der Französischen Revolution – die nicht zufällig an späte Äußerungen Hegels und Goethes erinnert: *Die Zeit unmittelbar vor und nach der Französischen Revolution war eine solche traurige;*

*Ludwig van Beethoven.
Gemälde von
Willibald Joseph Mähler*

aber mir deucht, die Morgenröte einer neuen Existenz schimmert hervor über den fernen Bergen. Wenn damals eine mächtige Hülle des Göttlichen, der Tugend vielleicht auf lange zugrunde ging: die Religion als positive Anstalt, so beginnt dafür ein neues Vehikel der Tugend, virtus, sich zu bilden in dem Streben der Völker nach Freiheit, nach bürgerlicher und politischer Freiheit. Schon ist der Mensch nicht mehr auf sein enges Selbst beschränkt, schon nimmt er wieder teil an einem Allgemeinen.[93]

Erstaunlich ist vor allem der historische Geist, mit dem hier der Humanismus, die Idee der menschlichen Gattung, durchdrungen und konkretisiert wird, damit über die bürgerliche Auffassung des abstrakten Allgemein-Menschlichen bereits hinausweisend. So gelangt Grillparzer zu einer die Enge eines tagespolitischen Liberalismus sprengenden, welthistorischen Einschätzung der österreichischen Misere. Daß diese Erkenntnisse als «erdichteter» Brief an Georg Altmütter ins Tagebuch eingefügt sind – eine bei Grillparzer öfters gewählte Form des Selbstgesprächs –, gibt wohl zu erkennen, in welche Widersprüche er selbst damit zu seinem bereits angebahnten Anpassungsversuch geraten ist. *Du nimmst die Partie deines Vaterlandes und willst nicht zugeben, daß dieses passive Stehenbleiben, dieses Nichtweiterschreiten auf dem Pfade der Entwicklung so erniedrigend, so unwürdig sei, als es mir vorkomme. Nun denn, ich wiederhole es: ein Verbrechen an der Menschheit ist es! Wodurch ist denn der Mensch, was er ist, als durch seine Gattung? Sein ganzer Bestand als Mensch liegt nicht in einem Individuum, nicht in tausend, sondern in der Menschheit als Ganzes, als moralisches Wesen, entgegengesetzt dem physischen, dem einzelnen. Richte einen Affen ab bis zur höchsten Vernunftähnlichkeit, bis zum äußersten Grade der Geschicklichkeit, seine Jungen werden nicht mehr wissen als jedes andern Affen Junge, und willst du sie vervollkommnen, so mußt du von vorn anfangen... von seinem Wissen ist nichts auf sie übergegangen, wird nie etwas übergehen, und so steht jedes Tier noch auf derselben Stufe, in der die ersten seiner Art am Tage der Schöpfung standen. Warum? Weil ihnen die Gabe der Mitteilung fehlt... Der Mensch aber erbt von frühern Jahrtausenden, und spätere Jahrtausende erben von ihm. Ein unreifer Knabe unserer Zeit weiß Dinge, die den Weisen Griechenlands ein Rätsel waren, die Geschichte ist sein Leitstern in Wollen und Handeln; er ißt und trinkt und pflanzt sich fort als Individuum, aber er lebt nur als Mensch, als Glied seiner Gattung. Darin liegt das Heiligtum seiner Existenz, das ist das Palladium seiner Vorzüge, in dieser allgemeinen Menscheneinsicht, in diesem allgemeinen Menschenwillen tritt der Gott ein in die Natur. Daher ist jedes absichtliche Stehenbleiben der einzelnen oder der moralischen Person ein Verbrechen an dem Geschlechte, ein Vergehen gegen Gott. Wollen wir nichts hinzufügen zu dem Schatze der Menschheit, wer gibt uns ein Recht, das vor uns Gesammelte zu gebrauchen? Ich wollte lieber ein Hund sein und den Mond anbellen als ein Mensch und gegen die Entwicklung der Menschheit reden.*[94]

Im Horizont einer solchen Auffassung der Gattungsgeschichte deutet sich im ersten Akt von *König Ottokars Glück und Ende* eine objektive, von historischem Denken getragene Einschätzung Napoleons in der Gestaltung der Titelfigur an –

> *In alle Fernen trug ich Böhmens Namen,*
> *Aus allen Fernen tönt zurück sein Ruhm.*
> *Wie meine Väter konnt' ich ruhig schlafen,*
> *Euch lassen schlafen, so wie eure Väter;*
> *Für wen hab ichs getan? Für euch!*
> *Doch sollt ihr nach, des geb ich euch mein Wort!*
> *Hin auf des Berges Mitte stellt ich euch,*
> *Und nun klimmt weiter, oder brecht den Hals!*[95]

In die Zeit der Bekanntschaft mit Beethoven fiel auch jene Polizeiaktion gegen die Mitglieder der «Ludlamshöhle», die Grillparzer in seiner Fortsetzung der «Zauberflöte» verspottete, nachdem er bereits einige Zeit zuvor einen Verweis wegen der Äußerung «schlechter Gesinnungen» erhalten hatte. Gegenüber Beethoven äußerte er: *Die Zensur hat mich umgebracht. Man muß nach Nordamerika reisen, um seinen Ideen freien Lauf zu lassen. Ich habe vor einiger Zeit die unangenehmste Polizeigeschichte gehabt. Bloß meiner Reden willen.*[96]

Überraschend und aufschlußreich an der Konversation mit Beethoven ist Grillparzers Offenheit in der Darstellung seiner seelischen Disposition. *Ich habe das Unglück, hypochondrisch zu sein. Das erklärt viel. Meine eigenen Arbeiten machen mir keine Freude. / Hätte ich den tausendsten Teil Ihrer Kraft und Festigkeit / War keine Zeit, wo die Ereignisse des Lebens Sie auf längere Zeit im Arbeiten gestört haben? / Liebesverhältnisse zum Beispiel?*[97] Die Antworten Beethovens sind nicht überliefert – er konnte sie ja mündlich geben –, aber leicht kann man sich vorstellen, wie er hier mit einem entschiedenen, fast mürrischen Kopfschütteln geantwortet haben mag.

Was jedoch Grillparzer betrifft, ist es keineswegs zufällig, daß er diese letzte Frage so konkret stellt. Den Liebes- und Eifersuchtsszenen von *Sappho* und *Medea* lagen seine eigensten Erfahrungen zugrunde. Vom 18. bis zum 28. Lebensjahr hatte er mit seiner Mutter allein zusammen gelebt. Nach ihrem Selbstmord trat er fast gleichzeitig zu drei Frauen in nähere Beziehung. Charlotte war die Frau seines Freundes und Vetters Ferdinand von Paumgartten. Sie stand Grillparzer vor allem bei der Arbeit am *Goldenen Vlies* bei – und die Beziehung zwischen Jason und Medea dürfte davon nicht unberührt geblieben sein. Grillparzer zog sich aber bald von der Frau seines Freundes zurück. *Du, von der eine gebieterische Notwendigkeit mich trennt*, schrieb er in einer Zueignung des *Goldenen Vlieses* an sie, *dir seien diese Blätter heilig... weil du an dem Werke selbst*

Anteil hast.[98] Zur selben Zeit lernte er die Schwestern Fröhlich kennen, und mit deren ältester – Katharina – verlobte er sich in überraschend kurzer Zeit. Zur Hochzeit kam es indessen das ganze Leben nicht. «Kathi» blieb seine «ewige Braut».

Wie im Politischen, so auch im Privaten tat Grillparzer in den zwanziger Jahren ein paar entschlossene Schritte und blieb dann vor dem entscheidenen grübelnd stehen. Er zweifelte an seinem Vermögen zu dauerhafter, im Alltagsleben sich bewährender Liebe: *... ich bin der Liebe nicht fähig*, schreibt er in einem vermutlich ebenfalls fiktiven Brief an Georg Altmütter, *daß nach einem Heute der glühendsten Zärtlichkeit leicht –*

Scherzhaftes Selbstbildnis Grillparzers «Katty O!»

ohne Zwischenraum, ohne besondere Ursache – ein Morgen denkbar ist
der fremdesten Kälte, des Vergessens, der Feindseligkeit möchte ich sagen.
Ich glaube bemerkt zu haben, daß ich selbst in der Geliebten nur das Bild
liebe, das sich meine Phantasie von ihr gemacht hat, so daß mir das wirk-
liche zu einem Kunstgebilde wird, das mich durch seine Übereinstimmung
mit meinen Gedanken entzückt, bei der kleinsten Abweichung aber nur um
so heftiger zurückstößt. Kann man das Liebe nennen? Bedaure mich und
sie, die es wahrlich verdiente, wahrhaft und um ihrer selbst willen geliebt zu
werden. Zudem fühlte er sich zu solchen am meisten, oder vielmehr ausschließlich hingezogen... die eigentlich am wenigsten für mich passen: zu
denen nämlich von entschiedenen Charakterzügen, die meinem Hang zu

psychologischer Forschung... die meiste Nahrung geben; auf der anderen Seite aber durch ihr Sprödes und Abgeschlossenes im Wirklichen jedes Zusammenschmelzen nur noch unmöglicher machen.[99]

Katharina Fröhlich entsprach diesem Typus wohl mehr als jede andere Frau in Grillparzers Leben. Und er versuchte sich von ihr zurückzuziehen, ohne sie ganz verlieren zu müssen. In einem Entwurf zu einem Abschiedsbrief heißt es: *Unsere Art zu denken scheint zu verschieden und unsere Art zu fühlen ist vielleicht zu ähnlich, als daß ein näheres Verhältnis mit Glück zwischen uns bestehen könnte. Laß uns daher versuchen, ob wir durch Entfernung für einige Zeit unserem Gefühl für einander jene reizbare Leidenschaftlichkeit benehmen können, die uns wechselseitig quält.*[100]

Während Grillparzer zu Katharina Fröhlich auf Distanz ging, lernte er Marie von Smolenitz näher kennen. Sie war damals bereits mit ihrem späteren Mann, dem Maler Moritz Daffinger, eng befreundet. Auch diese Beziehung war nicht von Dauer. Nicht als Geliebte, doch als Freundin blieb hingegen Katharina Fröhlich ein Leben lang an der Seite Grillparzers.

Es klingt vielleicht merkwürdig, aber die Frage Grillparzers, welche Bedeutung den Liebesverhältnissen für Beethovens Arbeit zukommt, verrät wohl auch den Grund für das Scheitern ihrer Zusammenarbeit. Grillparzer griff zu dem bekannten Sagenstoff der Melusine, und nach dieser Feengestalt sollte auch die Oper benannt werden. Als das Textbuch geschrieben war, drückte Beethoven in einem Brief an Grillparzer zunächst «das große Vergnügen» aus, «welches Sie mir durch Ihr herrliches Gedicht bereitet haben. Fast möchte ich sagen, daß ich stolzer auf dieses Ereignis als irgend auf eine der größten Auszeichnungen, die mir widerfahren könnten, bin.»[101] Zur Komposition der *Melusina* konnte sich Beethoven allerdings nicht entschließen. Wer sie liest, wird darüber kaum erstaunt sein. Die märchenhafte Handlung, in deren Mittelpunkt wieder einmal ein zur Tat unentschlossener Held steht, der hin und her schwankt zwischen der Welt der Menschen und einer Frau, die mit den dämonischen und tierischen Kräften der Unterwelt verbunden ist, mag zwar vieles über Grillparzers Gefühle zu jener Zeit vermitteln – den Komponisten des «Fidelio» aber konnte die Liebe an sich, die Partikularität des Erotischen, nur wenig anregen, wenn sie nicht mit den Idealen des Citoyens unzertrennlich verbunden war. Kurz vor seinem Tod äußerte Beethoven, er habe «kein passendes Textbuch» für eine zweite Oper gefunden. «Ich brauche einen Text, der mich anregt; es muß aber Sittliches, Erhebendes sein. Texte, wie Mozart komponieren konnte, wäre ich nie imstande gewesen, in Musik zu setzen... Ich habe viele Textbücher erhalten, aber, wie gesagt, keines, wie ich es gewünscht hätte.»[102]

1826, in einer Situation, da Grillparzer sich in Liebe, Politik und Arbeit vor die für sein Leben vielleicht wichtigsten Entscheidungen gestellt sah, entschloß er sich zur Reise nach Deutschland. *Am 21. August abends um*

Marie Daffinger. Gemälde von Moritz Daffinger

*halb zehn Uhr von Wien abgereist. Mit traurigem Gemüt. Vorzüglich ange-
regt durch die unwillkürliche Vergleichung des gegenwärtigen Zustandes
mit jenem, in dem ich Wien vor fünf* [sic!] *Jahren zur Reise nach Italien
verließ... Weiß Gott, ich zwinge mich zu dieser Reise... als letztes Mittel,
um zu sehen... ob noch ein Rest von Lebenskraft vorhanden.*[103]

In Dresden und in Preußen fühlte er sich nicht sehr wohl. *Wenn ich
meiner innersten Neigung folgte, so würde ich auf der Stelle umkehren und
wieder nach Hause reisen... Diese Leute haben eine Art Rührigkeit des
Geistes, die meine wienerische Trägheit zuschanden macht und einschüch-
tert. Ich rede, wenn ich etwas zu sagen habe, und schweige still, wenn ich*

nichts weiß, diese Leute aber wissen immer etwas.[104] Grillparzer besuchte unter anderen Ludwig Tieck, Felix Mendelsohn Bartholdy, Rahel Varnhagen und – Hegel, zu dessen Denken er wohl nur in dieser Phase seines Lebens Zugang hätte finden können. (Später sollte er zu einem wütenden Hegel-Gegner werden.) *Der Grund, warum ich ihn nicht früher besucht*, äußerte Grillparzer zu Hegel, *wäre, weil man bei uns erst bis zum alten Kant gekommen und mir daher sein, Hegels, System ganz unbekannt sei. Um so besser, versetzte, höchst wunderlich, der Philosoph... Ich fand Hegeln so angenehm, verständig und rekonziliant, als ich in der Folge sein System abstrus und absprechend gefunden habe.*[105]

Hegel war damals bereits zum «preußischen Staatsphilosophen» und anerkannten Oberhaupt der deutschen Philosophie avanciert. Die Anpassung an den preußischen Staat vermochte indessen sein dialektisches Denken kaum stillzulegen.

Auf ähnliche Ambivalenzen dürfte Grillparzer in Preußen gestoßen sein. So ist er im allgemeinen beeindruckt vom kulturellen und geistigen Leben, das sich trotz preußischer Herrschaft entfalten kann. Doch bleibt Grillparzer dabei skeptisch und empfindet mit einiger Sensibilität die mit dieser Herrschaft einhergehende Zweideutigkeit der kulturellen Größe. *Hier fängt wohl das Land des Scheines an, obwohl nicht zu leugnen ist, daß sie auch in manchem Wesentlichen uns arme Östreicher weit zurücklassen.*

Alles hat hier einen Anstrich von Großartigkeit, Geistigkeit und Liberalität, der einem armen Teufel von Östreicher schon des Kontrastes wegen wohltut.[106] Angesichts seiner jüngsten Erfahrungen mit der österreichischen Polizei und Zensur scheinen ihm in Berlin Wissenschaft und Kunst frei zu sein.

Den Höhepunkt der Reise aber bildete der Besuch in der verlorenen Heimat – in Weimar. Nur an diesem Ort vermochte Grillparzer für kurze Zeit das Gefühl der Fremdheit zu überwinden; nur hier fand er *viel Liebe und Freundschaft.* Grillparzer befiel *jedesmal solche Rührung,* wenn er Goethe sah, *daß ich beinahe meiner nicht Herr war, und alle Mühe hatte, nicht in Tränen auszubrechen. Einmal geschah es auch trotz allen Wiederstehens, als mich der alte Mann an der Hand faßte, ins Eßzimmer führte und mit einem herzlichen Drucke an seine Seite hinsetzte. Die Wirkung, die er auf mich hervorbrachte, war halb wie ein Vater und halb wie ein König.*[107] Der alte Mann fühlte sich wohl selbst schon als König der deutschen Literatur – und als solcher machte er sich damals daran, seinem ‹Alterswerk›, dem zweiten Teil des «Faust» und «Wilhelm Meisters Wanderjahren», die endgültige Form zu geben.

Als er Grillparzer ein zweites Mal – diesmal aber unter vier Augen – einlud, sagte dieser ab. *Ich fürchtete mich, mit Goethe einen ganzen Abend allein zu sein... Einmal schien mir in dem ganzen Bereich meines Wissens nichts, was würdig gewesen wäre, Goethen gegenüber vorgebracht zu werden. Dann habe ich meine eigenen Arbeiten erst später im Vergleich*

Goethe. Gemälde von Karl Joseph Stieler, 1828

mit den Zeitgenossen schätzen gelernt, im Abstande von dem Frühergewesenen, namentlich hier in der Vaterstadt der deutschen Poesie, kamen sie mir höchst roh und unbedeutend vor. Endlich habe ich schon gesagt, daß ich Wien mit dem Gefühle eines gänzlichen Versiegens meines poetischen Talentes verlassen hatte, welches Gefühl sich in Weimar bis zur eigentlichen Niedergedrücktheit vermehrte.[108] Einige Tage später schrieb Goethe an Zelter: «Grillparzer ist ein angenehmer wohlgefälliger Mann; ein angebornes poetisches Talent darf man ihm wohl zuschreiben, wohin es langt und wie es ausreicht, will ich nicht sagen. Daß er in unserm freien Leben etwas gedrückt erschien, ist natürlich.»[109]

Drei Jahre nach seiner Rückkehr aus Deutschland schrieb Grillparzer das bereits Anfang der zwanziger Jahre entworfene Drama *Des Meeres und der Liebe Wellen* fertig. Es ist das letzte «im klassischen Stil». Noch einmal versucht Grillparzer, im antiken Gewand seine eigene Konfliktsituation zwischen freier künstlerischer Arbeit, Beamtenberuf und individueller Liebe zu gestalten. Die Priesterin Hero ist nicht wie Sappho durch eine «natürliche» Scheidewand von Alltagsleben und Gesellschaft getrennt. Ihre Flucht aus der Gesellschaft auf die *Lichte Bahn* der Priesterin, wo nach eigenem Ziel ein *Selbst zu sein, ein Wesen, eine Welt* ihr einzig möglich scheint, wird motiviert durch die Erniedrigung, der sie als Frau in der patriarchalischen Familie ausgesetzt war: *Im Tempel hier hat auch die Frau ein Recht. / Und die Gekränkten haben freie Sprache.*[110] Sie glaubt zu Beginn fest an die Harmonie zwischen ihrer Aufgabe als Priesterin und ihren individuellen Bedürfnissen. Man mag darum in ihrem Priestertum nicht nur das Weimarer Kunstideal erkennen, sondern ebenso das josephinische Ideal des Beamtentums – dem Staat im gleichen Maß dienen zu können wie sich selbst. Das Ideal zerbricht, als Hero auf Leander stößt. Denn wieder entfremdet die individuelle Liebe den Menschen von sich selbst.

> *Was kamst du her? nichts denkend als dich selbst,*
> *Und störst den Frieden meiner stillen Tage,*
> *Vergiftest mir den Einklang dieser Brust?*
> *O hätte doch verschlungen dich das Meer*
> ...
> *Was ist es, das den Menschen so umnachtet,*
> *Und ihn entfremdet sich, dem eignen Selbst*
> *Und fremdem dienstbar macht?*[111]

Doch diesmal ist die Entfremdung der Liebenden keine wirkliche. Sie verändern sich, verlassen bloß ihre frühere Individualität und gewinnen eine neue. Sie scheitern nicht an ihrer Beziehung (wie in *Sappho* und *Medea*), sondern, wie in der ‹klassischen› Liebestragödie, an den Verhältnissen. Hero ist als Priesterin die individuelle Liebe verboten. Als Leander in der Nacht zu ihrem Turm durch die Meerenge schwimmt, löscht der Oberpriester mit Absicht das Licht, an dem der Schwimmende sich orientiert. Er wird abgetrieben und ertrinkt. An seiner Leiche bricht Hero tot zusammen.

Interessant an diesem Stück ist vor allem die Charakterisierung von Mann und Frau. Grillparzer vertauscht darin gewissermaßen die ‹Rollen› der Geschlechter. Leander ist alles andere denn ein männlicher Held im Sinne einer überkommenen Heroik. Er besitzt Züge, die sonst den Frauen zugesprochen werden, und teilt manche – den Trübsinn, die Ängstlichkeit und die Schweigsamkeit – mit seinem Schöpfer. Auch ihm ist vor kurzem erst die Mutter gestorben, und aus diesem Leid wird er erst von Hero gezogen. In der Berührung mit ihr aber vermag er den Trübsinn und die Mutlosigkeit zu überwinden und ist bereit, sein Leben zu riskieren. Für ihn gilt ganz besonders, was Hofmannsthal feinfühlig als Eigenart von Grillparzers Figuren beschrieben hat: Sie «ziehen uns leise aber unwiderstehlich in sich, und sie scheinen es nicht zu wollen – es ist als wollten sie sich an uns vorüberdrücken... eine gewisse Kargheit und Behinderung des Ausdrucks, das Gegenteil etwa der preußischen Gewandtheit und Redesicherheit: jenes lieber zu wenig als zu viel zu sagen, war bei Grillparzer bis zum Grillenhaften ausgebildet.»[112]

Doch die Hauptperson des Stücks bleibt Hero. Sie ist wohl eine der schönsten Gestalten Grillparzers. Denn ihre Individualität entsteht im Widerstand gegen eine patriarchalisch bestimmte Welt. Zu ihrer Mutter, die in diese Welt sie zurückbringen möchte, sagt sie, auf den Bruder bezogen:

> *Doch ist nicht er, sind da noch hundert andre,*
> *Von gleichem Sinn und störrisch wildem Wesen.*
> *Das ehrne Band der Roheit um die Stirn,*
> *Je minder denkend, um so heft'ger wollend.*
> *Gewohnt zu greifen mit der starren Hand*
> *Ins stille Reich geordneter Gedanken,*
> *Wo die Entschlüsse keimen, wachsen, reifen*
> *...*
> *Und unter solchen wünschest du dein Kind?*
> *Vielleicht wohl gar?*
> *MUTTER: Was soll ich dirs verhehlen?*
> *Das Weib ist glücklich nur an Gattenhand.*
> *HERO: Das darfst du sagen, ohne zu erröten?*
> *Wie? und mußt hüten jenes Mannes Blick,*
> *Des Herren, deines Gatten? Darfst nicht reden,*
> *Mußt schweigen, flüstern, ob du gleich im Recht,*
> *Ob du die Weise gleich, stillwaltend Beßre?*
> *Und wagst zu sprechen mir ein solches Wort?*[113]

Ihre Liebe zu Leander ist dann keineswegs Rückkehr in die patriarchalische Welt, vielmehr erscheint sie als utopisches tertium datur zwischen Patriarchat und einsamem weiblichem Priestertum.

Von Grillparzers drei Projekten «im klassischen Stil» wirkt heute *Des Meeres und der Liebe Wellen* am überzeugendsten. Die Individualität der Hauptpersonen ist genauer und einfühlsamer gezeichnet als in den früheren Dramen. Grillparzer scheint seinen Gestalten viel näher zu stehen. Andererseits ist die klassische Welt kein bloßes Milieu mehr – sieht man ab von verschiedenen, zu sehr in den Vordergrund von Bühne und Sprache gerückten Details eines stilisierten Antikebilds (Lyra, Blumenkränze und ähnliches). Heros Emanzipationsversuche – von der patriar-

Josephine Wessely als Hero

chalischen Familie, und schließlich vom lebensfremden Priestertum – lassen sich als Auseinandersetzung mit den Möglichkeiten und Grenzen der Weimarer Klassik lesen. Deren Ästhetik konnte sich einerseits den rückständigen deutschen Verhältnissen und den Konsequenzen der Arbeitsteilung in der bürgerlichen Gesellschaft entziehen, lief aber dabei Gefahr,

*Grillparzer. Zeichnung von Josef Schmeller, während des Besuchs Grillparzers bei
Goethe entstanden*

das Alltagsleben außerhalb ihrer Ideale aus den Augen zu verlieren. *Mich
duldet's länger nicht in eurem Hause*[114] – mit diesen Worten von Heros
Dienerin endet Grillparzers Stück.

Im Jahre 1836 reiste Grillparzer nach Paris, um noch einmal aus der österreichischen Misere aufzutauchen. Diesmal besuchte er Ludwig Börne
und Heinrich Heine. Nur aus dem gemeinsamen Bewußtsein und Gefühl
einer epochalen kulturellen Wende, die eben Heine selbst als Ende der
Kunstperiode bestimmt hatte, läßt sich jene Vertrautheit erklären, die
sich spontan zwischen ihm und Heine herstellte. Heine galt ihm als der
einzige der deutschen Schriftsteller, mit dem er über Kunst und Literatur sprechen könne.[115] Jene Ironie freilich, mit der Heine die neue
bürgerliche Epoche und ihre Protagonisten quittierte, blieb Grillparzer
zeitlebens fremd. «Ich habe Sie von jeher sehr gut verstehen und darum
verehren können»[116], hatte ihm Heine aus Paris geschrieben, als er im
Angesicht der Juli-Revolution bereits eine neue Periode der Literatur
eingeleitet sah.

Die Geburt des habsburgischen Mythos

Die Geier in Schönbrunn sollen mit ihrem Wärter sehr unzufrieden sein, weil er ihnen frisches Fleisch gegeben hat, indes doch Aas ihre Lieblingsspeise ist. Sie sagen, und zwar mit Recht, er hätte sich nach ihrem Geschmacke richten sollen.[117]
Grillparzer nach dem Mißerfolg von *Weh dem, der lügt!*

1917 schrieb Rosa Luxemburg in der ‹Schutzhaft› an ihren jungen Freund Hans Diefenbach, daß sie Friedrich Hebbel gern gegen Grillparzer eintauschen wolle: «Diesen liebe ich schon ernstlich. Kennen Sie ihn und schätzen Sie ihn auch genügend? ... Der reinste Shakespeare an Knappheit, Treffsicherheit und volkstümlichem Humor, mit dem zarten poetischen Hauch noch dazu, den Sh[akespeare] nicht hat. Ist es nicht zum Lachen, daß Grillparzer ein lederner Staatsbeamter und langweiliger Patron war? (Siehe seine *Selbstbiographie*, die fast so abgeschmackt ist wie die Bebelsche.)»[118] Der Widerspruch zwischen dem Reichtum des Werks und der Leere des Beamtenlebens, den Rosa Luxemburg bei Grillparzer treffend bemerkte, gilt wohl erst für den Vierzigjährigen. Grillparzers Lebensführung schmiegt sich in diesem Alter mehr und mehr an die österreichische Misere an. Kaum ein ernsthafter Versuch, ihr zu entkommen, vermag den schwer erträglichen gleichförmigen Rhythmus dieses Lebens noch einmal zu unterbrechen. Will der Biograph ihm nicht auch unterliegen und einfach die ‹abgeschmackte› *Selbstbiographie* in die dritte Person übersetzen, so muß er wohl an diesem Punkt noch stärker das Interesse auf das verborgene Leben in den Tagebüchern und im Werk verlagern, um dort die verschütteten und verdrängten Sehnsüchte, die ins Ästhetische abgewanderten alternativen Möglichkeiten des Handelns entdecken zu können.

Im Januar 1832 wird Grillparzer zum Direktor des Hofkammerarchivs ernannt. *Habe die Archivdirektorstelle erhalten und so des Menschen Sohn um dreißig Silberlinge verkauft*, schreibt er ins Tagebuch. *Ich werde ein volles Jahr verwenden müssen, das Geschäft kennenzulernen; ein volles Jahr, ohne auf Poesie anders als in verlornen Augenblicken denken zu können... Ein bestimmtes Gefühl, daß es mit mir aus ist, hat mich diesen Platz suchen und annehmen lassen.*[119] Im Herbst dieses Jahres weiß Grillparzer dann: . . . *diese letzten neun Monate gehören unter die furchtbarsten meines Lebens. Es war mir durchaus unmöglich, die seit zehn Jahren zum erstenmal wieder ernstlich betriebenen Amtsgeschäfte mit meinen sonstigen inneren Beschäftigungen einigermaßen auszugleichen, und die letzteren zogen sich darüber so ganz zurück, daß ich mir selbst zum Grauen ward und der Gedanke eines gewaltsamen Abschlusses einigemale ganz nahe trat.*[120] – *Ich bin zweiundvierzig Jahre alt und fühle mich als Greis.*[121]

Franz Grillparzers Entwicklung vermag zu zeigen, daß die Übernahme eines öffentlichen Amtes kaum mehr mit der poetischen Produktion in Einklang zu bringen war, wie es noch dem Geheimrat in Weimar möglich gewesen. Freilich erhielt Grillparzer verglichen mit Goethe eine subalterne staatliche Stelle, und die habsburgischen Herrscher dieser Periode unterschieden sich deutlich genug von den Weimarer Fürsten. «Ich habe mein politisches und gesellschaftliches Leben ganz von meinem moralischen und poetischen getrennt», schrieb Goethe 1772 in einem Brief aus Weimar. «Nur im innersten meiner Pläne und Vorsätze, und Unternehmungen bleib ich mir geheimnisvoll selbst getreu und knüpfe so wieder mein gesellschaftliches, politisches, moralisches und poetisches Leben in einen verborgenen Knoten zusammen.»[122]

Auch Grillparzer trennt sein politisches und gesellschaftliches Leben als Beamter von seinem moralischen und poetischen in den Tagebüchern und den Werken. Doch die Fäden der politischen, künstlerischen und moralischen Intentionen lassen sich von ihm nicht mehr zum Knoten verknüpfen. Sie gleiten nach 1830 mehr und mehr auseinander. Am weitesten entfernen sich die Gedanken des Tagebuchs von Grillparzers öffentlichem Auftreten als Dichter und Beamter. Sie bewahren ungebrochen bis in die vierziger Jahre hinein den Standpunkt der Aufklärung und der Demokratie. Die Hoffnungen dieser ‹inneren Emigration› ins Tagebuch ruhen ganz auf den Entwicklungen im Ausland: . . . *so kann . . . nur das Fortschreiten der politischen Regeneration in dem übrigen Europa dieses Land aus seinem gegenwärtigen niederträchtigen Zustande herausnötigen. Östreich wird immer im Nachzuge bleiben*[123], notiert Grillparzer 1836. Und noch 1841 begreift er Frankreich als Speerspitze dieses Fortschritts, bei dem Österreich nur die Rolle der Nachhut zukommen könne. *Wenn ich meine Hoffnung der Freiheit auf Frankreich gründe, so ist es nicht, daß ich wünsche, letzteres möge die teure Gabe ihren Nachbarn mit dem Schwerte aufdringen, sondern ich hoffe, die Freiheit werde durch ihre Ausbildung in jenem tonangebenden Lande nach und nach so in Sitte und Gewohnheit des Zeitalters übergehen, daß man endlich einen Absolutisten auslachen werde wie einen, der einen roten Rock trägt oder eine Weste mit langen Schößen. Wenigstens Deutschland kann auf keine andere Art dazu kommen, Deutschland, wo die Kräftigen ohne Geist und die Geistigen ohne Kraft sind.*[124]

Seit der Revolution von 1830 orientierte Grillparzer seine heimlichen

Grillparzers Arbeitsplatz in der Hofkammer (Gedächtnisraum im Mariazellerhof)

Hoffnungen so entschieden auf Frankreich. *Die Franzosen haben ihren König verjagt, der, ihnen in die Zähne, versucht, die Verfassung zu brechen und sie zu einer Art – Östreicher zu machen, was denn, bürgerlich und politisch genommen, offenbar das schlimmste ist, was man irgend werden kann. Ich wollte, ich wäre in Frankreich und ein Eingeborner, ich wäre eben jetzt in Stimmung, mich für eine interessante Sache totschießen zu lassen. Obwohl das Ganze auch seine schlimme Seite hat... gewinnt der Demokratismus eine so furchtbare Oberhand, daß bei der Beweglichkeit des französischen Charakters an gar kein Aufhören zu denken ist. Und doch! immer besser, als der Geist erliegt und die edelsten Bedürfnisse des Menschen werden einem scheußlichen Stabilitätssystem zum Opfer gebracht. Überhaupt gibt's wohl kein anderes Mittel, die Zeit zu reinigen und dem vorherrschenden Egoismus die Waage zu halten, als den Staat und die Teilnahme aller an seinen Interessen. Die Macht der Religion, die sonst in dieser Beziehung wohltätig wirkte, ist erschöpft; ja, der Bürgersinn würde vielleicht die Religion entbehrlich machen... Die ganze Welt wird durch diesen neuen Umschwung sich erkräftigen, nur Östreich wird daran zerfallen. Der schändliche Machiavellismus der Leiter, die, damit die Herrscherfamilie das einzige Staatsverband ausmacht, die wechselseitige Nationalabneigung der einzelnen Provinzen hegten und nährten, hat des die Schuld. Der Ungar haßt den Böhmen, dieser den Deutschen, und der Italiener sie alle zusammen; und wie widersinnig gekuppelte Pferde werden sie sich in alle Welt zerstreuen, wenn der fortschreitende Zeitgeist die Gewalt des klemmenden Joches schwächt oder bricht. Dieses Land allein wird nicht bestehn, wenn der erfrischende Morgen für die andern hereinbricht, und ich bin so albern, mich darüber zu kränken, der ich durch alle meine Neigungen darin festgehalten werde, obwohl ich sehe, daß mein besserer Teil unter dem Andrang ihrer Geistesverräterei zugrunde geht. Ich hätte dieses Land, halb ein Kapua und halb eine Fronfeste der Seelen, zeitig verlassen müssen, wenn ich ein Dichter hätte bleiben wollen. Nun ist's zu spät, mein Innres ist zerbrochen.*[125]

In dieser Tagebucheintragung vom August 1830 ist Grillparzers ganze politische Situation vor 1848 wie in einem Brennspiegel konzentriert. Hellsichtig wie stets im Tagebuch erkennt er, daß die Einheit der Habsburger Monarchie durch eine radikale Demokratisierung gesprengt würde. Weil die habsburgische Hausmachtpolitik das einzige Band der verschiedenen Nationen blieb, scheint Grillparzer bereits um 1830 eine demokratische Einigung verschiedener Nationen auf der Grundlage gleicher Rechte wie etwa in der Schweiz unmöglich. Und doch läßt er als Paradoxon erkennen, wieviel ihm die habsburgische Einheit bedeutet: er sei *so albern*, sich über den Zerfall der Habsburger Monarchie *zu kränken*. In der Spannung dieses Paradoxons bewegt sich seine poetische Produktion bis 1848, und es bezeichnet jenen empfindlichen Punkt in Grillparzers politischem Bewußtsein, an dem er später von der Demokratie sich abwenden wird. 1843 schon verlangt er für die Monarchie das Übergewicht des deutschen Prinzips auf freiwilligem Wege als dem *Bürgen der Einheit – Ebenso wird dem deutschen Prinzip und damit dem Prinzip der*

Einheit die Oberhand verschafft, wenn man die Fesseln der Bildung aufhebt. Die deutschen Provinzen werden durch ihren Zusammenhang mit dem gebildeten Deutschland dadurch eine solche Oberhand erhalten, daß alle slawischen und magyarischen Bestrebungen dagegen wie Seifenblasen zerplatzen werden.[126] Die Betonung seiner Forderung liegt aber noch auf den Prinzipien der Freiwilligkeit und der Bildung, mit denen die deutsche Vorherrschaft die Einheit des Vielvölkerstaats sichern möge.

Je näher das Jahr 1848 rückt, desto vorsichtiger wird Grillparzer in seinen Reformvorschlägen. Hinter dieser Vorsichtigkeit verbirgt sich nicht zuletzt die Angst um die deutsche Kultur, die auch er bedroht glaubt von einem Gespenst, das umgeht in Europa: *Es wäre möglich, daß, was für die Kultur der alten Welt die Völkerwanderung und der Einbruch fremder Barbaren gewesen sind, für unsere heutige und ihre Fortbildung das Emporkommen einheimischer Barbaren würde, eine Erscheinung, deren erste Keime schon in der Übervölkerung und dem Kommunismus fühlbar werden.*[127] Man sollte dabei nicht vergessen, daß selbst einem Schriftsteller wie Heinrich Heine diese Angst nicht fremd war. Viel spricht dafür, daß Grillparzer aber auch dem Geständnis Heines (in der Vorrede der «Lutetia») zugestimmt hätte: «Aus Haß gegen die Anhänger des Nationalismus könnte ich schier die Kommunisten lieben.»[128]

Die Nähe zu Heine ist überhaupt im ganzen Tagebuch spürbar. *Mir ist alles gleichgültig geworden, nur die politischen Begebenheiten interessieren mit einer absurden Lebhaftigkeit. Ich möchte jetzt ein periodischer Schriftsteller sein. Sowohl in politischer als literarischer Beziehung.*[129] In den Tagebucheintragungen erfüllt sich Grillparzer diesen Heineschen Wunsch. In ihrer Verborgenheit schreibt er seine satirischen Attacken auf zeitgenössische Literatur und Politik. Gleich Heine rückt er zum Jungen Deutschland auf Distanz, ohne dabei den Kampf gegen die reaktionären Romantiker zu vernachlässigen: *In Ermangelung der Lessinge nun bleibt nichts, als einen Unsinn durch den andern beschränken. Die faselnd-mittelalterliche, selbsttäuschend-religiöse, gestaltlos-nebelnde, tieckisch-menzlisch-unfähige Periode hat lang genug gedauert, und wie denn das neue Schlechte immer schon darum besser ist als das schlechte Alte... so hätte man froh sein sollen, in der Unverschämtheit der neuen Apostel einen Damm gegen die Anmaßung der bisherigen zu bekommen. Übrigens hat diese junge Schule bei aller Verächtlichkeit eine löbliche Eigenschaft, die gegenwärtig in Deutschland sehr fehlt, eine wenn auch täppische Geradheit nämlich. Sie macht sich keine Illusionen. Sie ist frech, weil das Zeitalter frech ist. Irreligiös, und die ganze Religion der Zeit ist Selbsttäuschung oder Heuchelei; sie sagt, was sie denkt, indes man in Deutschland häufig nicht denkt bei dem, was man sagt. Insofern wäre sie allerdings als eine Art Pferdekur zu brauchen gewesen.*[130]

Neben solchen Polemiken ist das Tagebuch auch voll von allgemeinen Reflexionen über die Eigenart des Ästhetischen. Diese Gedanken, die

Heinrich Heine.
Gemälde von
Moritz Oppenheim,
1831

sich um Unterschiede und Gemeinsamkeiten der einzelnen Kunstgattungen, um die Bedeutung von Allegorie und Symbol, Tragik und Fatum drehen, sind zwar in durchaus unsystematischer Form notiert. Sie verdanken sich indessen dem langen Atem einer verborgenen systematischen Ästhetik, in der das Denken von Lessing und Goethe – angereichert mit einer umfassenden Kenntnis der Kulturgeschichte – eine großartige Synthese findet, vergleichbar vielleicht nur der Hegelschen Ästhetik, zu der Grillparzer keinen Zugang gewann.

Nur einmal noch vor 1848 wagte sich Grillparzer aus der Heimlichkeit des Tagebuchs hinaus in die Öffentlichkeit. Nachdem er einen Aufsatz gegen die Zensur im Schreibtisch gelassen hatte, unterzeichnete er als einer der ersten eine «Denkschrift über die gegenwärtigen Zustände der Zensur in Österreich», die im März 1845 dem Staatsminister Graf Kolowrat überreicht wurde. 99 Gelehrte und Künstler, darunter Eduard von

Ankündigung der Uraufführung von «König Ottokars Glück und Ende»

Bauernfeld, Adalbert Stifter und Anastasius Grün, verlangten darin eine
ausreichende gesetzliche Grundlage der Zensur auf der Basis der Verord-
nungen von 1810, einen geordneten Rekursweg und unabhängige Zenso-
ren. Die Petition wurde natürlich von Metternich zurückgewiesen.

In der traurigen Einsamkeit des Tagebuchs blieb Grillparzer sich treuer
als in seinem poetischen Schaffen. Als Dramatiker nämlich suchte er
schon seit längerem die Versöhnung mit jenem System, dessen Beamter
er war. Die Anpassung an die österreichische Misere führte hier zu einer
durchaus problematischen Einheit von politischem und poetischem Leben, von Beamter und Dichter. Und sie gewann ihre literarische Gestalt
im habsburgischen Mythos – in der ästhetischen Verklärung habsburgischer Herrschaft, die der Gegenwart gleichsam als Utopie ihre
Vergangenheit entgegenhielt. Der Begriff des habsburgischen Mythos
wurde von Claudio Magris geprägt, um eine bis in die Moderne reichende
Tendenz der österreichischen Literatur offenzulegen.[131] Zum erstenmal
und in paradigmatischer Weise zeigte sie sich aber im Handlungsverlauf
von *König Ottokars Glück und Ende.* Rudolf, der erste habsburgische
König, siegte über Ottokar. Nach dem ersten Akt, der der historischen
Größe Ottokars Rechnung trägt, läßt die Handlung den Machtantritt der

Habsburger nun doch als die glückliche Wendung für die österreichischen und deutschen Länder erscheinen. In Wahrheit allerdings hat diese
Wendung Deutschland und die österreichischen Länder eher zurückgeworfen, während der Beginn der Herrschaft Ottokars eine Perspektive
auf Einigung und Zentralisation eröffnete, die den Anschluß an die west-
europäische Entwicklung in Aussicht stellte. Ottokar «war zu dieser Zeit
der stärkste Fürst Mitteleuropas. Er wäre der einzige gewesen, der als
Kaiser des heiligen römischen Reiches die Kraft gehabt hätte, die Für-
stenkämpfe zu beenden und endlich Frieden zu schaffen. Aber die rivali-
sierenden deutschen Fürsten waren nicht an einem starken Kaiser interes-
siert, sondern an einem schwachen. Sie wählten im Jahre 1273 den fast
unbekannten Schweizer Grafen Rudolf von Habsburg.»[132] Grillparzer
indessen kehrt diese historische Konstellation um und projiziert seine
gegen das Metternichsche System gerichtete Utopie eines guten habsburgischen Herrschers in die Vergangenheit.

> Die Ruh ist hergestellt im weiten Deutschland,
> Die Räuber sind bestraft, die Fehden ruhn.
> Durch kluge Heirat und durch kräftges Wort
> Die Fürsten einig und ihm eng verbunden;
> Der Papst für ihn. Im Land nur eine Stimme,
> Ihn preisend, beneidend als den Retter.[133]

Das Bild des guten Herrschers ist sicherlich eine josephinische Remi-
niszenz. Allerdings wird bei dieser Wendung der josephinischen Erinnerung zur habsburgischen Utopie der historische Gehalt des Josephinismus
entleert, der doch in der Überwindung feudaler Strukturen bestand. Der
gute Herrscher wird gleichsam refeudalisiert und als romantische Utopie
der Wirklichkeit der Restauration gegenübergestellt. Dies bedeutet
nichts anderes als die politische Umpolung des josephinischen Beamten-
bewußtseins. Die habsburgische Utopie Grillparzers, die als Kritik des
Metternich-Systems einmal intendiert war, schlägt – ähnlich wie in der
deutschen Romantik – um in die Apologie feudaler, «vor-josephinischer»
und vorbürgerlicher Herrschaft. Ästhetisch führt solche Entleerung des
geschichtlichen Gehalts zur Allegorie. Die Figur Rudolfs muß allegori-
siert werden, um die romantischen Bedeutungen, die ihm als historischer
Figur fehlen, repräsentieren zu können. Er wird zur Allegorie der habsburgischen Kontinuität und der Einheit von Volk und Herrscher.

> Ich bin nicht der, den Ihr voreinst gekannt!
> Nicht Habsburg bin ich, selber Rudolf nicht;
> In diesen Adern rollet Deutschlands Blut.
> Und Deutschlands Pulsschlag klopft in diesem Herzen.
> Was sterblich war, ich hab es ausgezogen,
> Und bin der Kaiser nur, der niemals stirbt.[134]

Rudolf I. Grabplatte im Dom zu Speyer

Als dramatische Figur aber muß Rudolf dadurch neben dem sterblichen, aber lebendigen und glaubhaft handelnden Ottokar verblassen. Wider den Willen Grillparzers setzen sich gleichsam die Faszination Napoleons und der Geist Beethovens noch einmal durch gegen den habsburgischen Mythos und seine Allegorien. «Grillparzer ist bemüht, die ‹grandiose Statik› in der Figur Rudolfs I. zu feiern, doch gerät dieser, ‹ein gar stiller

Mann›, im Drama zu einer farblosen, unbedeutenden Gestalt, während Ottokar, der besiegte Tyrann, ihn bei weitem überragt.»[135] Man wird diese dramaturgische Selbstwiderlegung Grillparzers, der doch nur ein patriotisches Stück schreiben wollte, berücksichtigen müssen, um die empfindliche Reaktion der Zensur und des Herrscherhauses auf dieses Stück zu begreifen und sie nicht länger als bloßes Mißverständnis abzutun. Wenn der dichterische Wert des Dramas aber in der immanenten Überlegenheit Ottokars besteht, dann stimmt freilich auch Franz Mehrings Einschätzung: «Was dichterisch an diesen Dramen ist, verleidete sie bei Lebzeiten des Dichters dem Habsburgisch-Metternichschen System, das, stolz auf seinen plumpen Polizeiknüppel gelehnt, gar nicht dichterisch

Napoleon I., den St. Bernhard überschreitend.
Gemälde von Jacques-Louis David, 1801

Fürst von Metternich. Lithographie von Friedrich Lieder

verherrlicht sein wollte und vor bleicher Angst in dem poetischen Ausdruck gehorsamer Untertanentreue schon den Anfang einer heimlichen
Rebellion sah. Was aber kaiserlich-habsburgisch an diesen Trauerspielen
ist, das vermögen wir heute nicht mehr zu verdauen; Grillparzers An-
hänglichkeit und Treue an ein Kaiserhaus, das ihn jeden neuen Tag miß-
handelte oder mißhandeln ließ, geht über unsern Horizont.»[136]

So riet Polizeichef Sedlnitzky Metternich, das Stück Grillparzers zu
verbieten, wegen des «Kontrastes, in welchem die Österreicher gegenüber denen überall mit den ungünstigsten Farben geschilderten Böhmen»
dargestellt sind und – mit diskreter Anspielung auf Napoleon – weil diese
«Handlung von dem Publikum auf die Geschichte der neuesten Zeit bezogen werden und sohin den Anlaß zu unangenehmen Erinnerungen geben
dürfte»[137]. Dank der Intervention der Kaiserin entging das Stück aber
dem Verbot.

Kaum etwas könnte Grillparzers Verhältnis zum habsburgischen System deutlicher zum Ausdruck bringen als die Wirkungsgeschichte seines unmittelbar folgenden Stücks, *Ein treuer Diener seines Herrn*. Die Zensur konnte beim besten Willen nichts gegen das Schauspiel einwenden, das in seiner Loyalität alle bisherigen übertraf und sich auch Sedlnitzkys Einwände zu Herzen nahm. Nach der ersten Aufführung ließ der Kaiser Grillparzer wissen, ihm habe das Stück dermaßen gefallen, daß seine Majestät es ausschließlich zu besitzen wünsche.[138] Um es von der Öffentlichkeit fern zu halten, wollte es der Kaiser käuflich erwerben, damit es in der kaiserlichen Privatbibliothek begraben werden könne. Obwohl dieses Geschäft schließlich nicht zustande kam, verschwand das Stück dennoch bald von den Spielplänen.

Kein Herrscher, wie in *König Ottokars Glück und Ende*, sondern sein Gegenstück, der treue Untertan, wird in diesem Stück gefeiert. Und die Treue des Beamten Bancbanu überzieht Grillparzer bis zur unfreiwilligen Komik. Glaubt man doch schon im Titel eine Ironie herauszuhören, die gar nicht beabsichtigt ist. Als Reichsverweser vom König eingesetzt, rettet Bancbanu den Mörder seiner eigenen Frau vor den Aufrührern, weil dieser der Schwager des Königs ist. Schließlich verhaftet er auch seinen eigenen Bruder, der an der Rebellion gegen den schlecht regierenden König teilnahm.

> *Aufrührer! ich mit euch? Ich bin der Mann des Friedens,*
> *Der Hüter ich der Ruh. – Mich hat mein König*
> *Geordnet seinen Frieden hier zu wahren;*
> *Ich in den Bürgerkrieg mit euch?*
> *Fluch, Bürgerkrieg! Fluch dir vor allen Flüchen!*[139]

Das ganze Stück scheitert daran, daß Grillparzer diesen «ziemlich bornierten alten Mann» um jeden Preis zur Verkörperung eines «Heroismus der Pflichttreue»[140] machen möchte. Wie von allein aber tendiert die Figur zur Lächerlichkeit. Grillparzer «schrieb... mit den Mitteln der Satire eine Apotheose des Untertanentums», bemerkte Ernst Fischer über den Zwiespalt von politischer Tendenz und ästhetischer Gestaltung im *Treuen Diener*[141], der dem Widerspruch des *Ottokar*-Dramas sehr ähnlich ist. Grillparzer selbst sprach über den *Treuen Diener* als einem *bis zum Übermaß loyalen*[142] Stück; die politische Tendenz setzt sich letztlich durch und zerstört die realistisch-satirischen Möglichkeiten der Handlung. An der unfreiwilligen Komik aber wird deutlich, in welchem Maß die politische Anpassung die poetische Substanz auflöst.

Der habsburgische Mythos ist offenbar kein echter Mythos, aus dem Kunst und Literatur ihre Gestaltungen schöpfen könnten, vielmehr erweist er sich im Grunde als ein der künstlerischen Gestaltung feindlicher Wirklichkeitsverlust. Und nur in der Auflösung oder Brechung habsbur-

Nikolaus Lenau. Lithographie von Jos. Kriehuber

gischer Ideologie entstanden wohl seit Grillparzer die großen Werke der Literatur aus Österreich. Grillparzer versuchte jedoch in seinen historischen Dramen den klassischen Typus des deutschen Geschichtsdramas, Schillers Werk, unter der ideologischen Ägide der Habsburger fortzusetzen.

Die großen ‹objektiven› Formen Roman und Drama schienen allerdings in der gesamten deutschen Literatur so problematisch geworden wie der Stoff der deutschen Geschichte. Das einzige bedeutende historische Drama der deutschen Literatur dieser Zeit ist Büchners «Dantons Tod». Es fand seinen Gegenstand mit gutem Grund in der jüngsten französischen Geschichte.

Die gültigste Form dieser Epoche für den Stoff der deutschen Wirklichkeit gewann Heinrich Heine in den lyrisch-phantastischen und ironisch-subjektiven Formen seiner «Reisebilder». In dieser Hinsicht nimmt vielleicht Franz Schubert eine durchaus vergleichbare Position in der Musik-entwicklung ein. (Die vorschnelle Zuordnung zur Romantik hat diese Verwandtschaft stets verdeckt.)

Heinrich Heines eigentlicher dunkler Bruder in Österreich ist aber Ni-kolaus Lenau. Auch er bleibt stets lyrisch und treibt in seinen Stoffen doch über reine Lyrik hinaus zur Gestaltung gesellschaftlicher und histo-rischer Totalität. Nur weicht er im Gegensatz zu Heine nationalen The-men entschieden aus und sucht statt dessen seine Stoffe in den religiösen Befreiungsbewegungen (Savonarola, Albigenser). Sein Versuch, als freier Schriftsteller zu leben, und der revolutionäre Charakter, den er sei-ner Melancholie mitunter zu geben vermochte, können vielleicht als wirk-liche Alternative zu Grillparzers Entwicklung in den dreißiger und vierzi-ger Jahren gelten.

Doch existierte auf Wiener Boden noch eine andere, Grillparzer näher liegende Alternative, die ebenso die großen Formen wie den nationalen Stoff entbehren konnte: das Alt-Wiener Volkstheater. In seinem tiefen Verständnis der Stärken und Schwächen von Ferdinand Raimunds Schaf-fen liegt eine Ahnung dieser für ihn selbst möglichen Alternative. *Man hat oft bedauert, daß es Raimund, dem beliebten Volksdichter, an Bildung fehle; wenn diese noch dazugekommen wäre, stünde der leibhaftige Shakespeare noch einmal da.* Diese Bewunderer merken jedoch nicht, *daß gerade dieser Zusammenstoß von Geahnet-Poetischem und Gemein-Unkultiviertem es ist, was den Hauptreiz von Raimunds Hervorbringun-gen ausmacht*[143].

Dies mußte gerade Grillparzer bestechen, dessen Dichtung unter der Last der Bildung ihren Reiz zu verlieren drohte. Raimund lenkte ihn auf die Fährte jenes *Gemein-Unkultivierten*, aus dem neue Formen der Poe-sie sich gewinnen ließen, die an die Stelle der ausgetrockneten klassizisti-schen treten könnten. Es bleibt allerdings erstaunlich, und es bedeutet ein weiteres Beispiel für die Klarheit der ästhetischen Empfindung Grillpar-zers, wie genau er die romantischen Gefahren solcher Volkstümlichkeit abzuschätzen und wie richtig er den Weg von Raimund zu Nestroy als einzige Entwicklungsperspektive des Volkstheaters vorzuzeichnen wußte: *Zu Raimund: Das Ernste ist Ihnen bloß bildlose Melancholie; wie Sie es nach außen darzustellen suchen, zerfließt es in unkörperliche Luft. Im Komischen haben Sie mehr Freiheit und gewinnen Gestalten. Dahin sollte Ihre Tätigkeit gehen.*[144]

Dieser Weg war für Grillparzer selbst nicht mehr gangbar. Volkstheater und Hoftheater waren in der ersten Hälfte des 19. Jahrhunderts bereits zu weit auseinandergetrieben, als daß der Brückenschlag eines Werks wie der «Zauberflöte» – auf den sicheren Pfeilern der Aufklärung – noch möglich gewesen wäre. Und dennoch sind die schönsten Dramen, die Grillparzer geschrieben hat, ohne das Alt-Wiener Volkstheater schlech-terdings nicht denkbar.

Ferdinand Raimund als Aschenmann in «Der Bauer als Millionär». Zeichnung von Moritz von Schwind

Am Beginn der Erzählung *Der arme Spielmann* hat sich Grillparzer darüber offener als irgendwo ausgesprochen:

In Wien ist der Sonntag nach dem Vollmonde im Monat Juli jedes Jahres samt dem darauf folgenden Tage ein eigentliches Volksfest, wenn je ein Fest diesen Namen verdient hat. Das Volk besucht es und gibt es selbst; und wenn Vornehmere dabei erscheinen, so können sie es nur in ihrer Eigenschaft als Glieder des Volks. Da ist keine Möglichkeit der Absonderung; wenigstens vor einigen Jahren noch war keine. An diesem Tage feiert die mit dem Augarten, der Leopoldstadt, dem Prater in ununterbrochener Lustreihe zusammenhängende Brigittenau ihre Kirchweihe. Von Brigittenkirchtag zu Brigittenkirchtag zählt seine guten Tage das arbeitende Volk. Lange erwartet erscheint endlich das saturnalische Fest. Da entsteht Aufruhr in der gutmütig ruhigen Stadt. Eine wogende Menge erfüllt die Straßen. Geräusch von Fußtritten, Gemurmel von Sprechenden, das hie und da ein lauter Ausruf durchzuckt. Der Unterschied der Stände ist verschwunden...

Als ein leidenschaftlicher Liebhaber der Menschen, vorzüglich des Vol-
kes, so daß mir selbst als dramatischer Dichter der rückhaltslose Ausbruch
eines überfüllten Schauspielhauses immer zehnmal interessanter, ja beleh-
render war, als das zusammengeklügelte Urteil eines an Leib und Seele
verkrüppelten, von dem Blut ausgesogener Autoren spinnenartig aufge-
schwollenen literarischen Matadors; – als ein Liebhaber der Menschen sage
ich, besonders wenn sie in Massen für einige Zeit der einzelnen Zwecke
vergessen und sich als Teile des Ganzen fühlen, in dem denn doch zuletzt
das Göttliche liegt – als einem solchen ist mir jedes Volksfest ein eigentliches
Seelenfest... Von dem Wortwechsel weinerhitzter Karrenschieber spinnt
sich ein unsichtbarer aber ununterbrochener Faden bis zum Zwist der Göt-
tersöhne, und in der jungen Magd, die, halb wider Willen, dem drängenden
Liebhaber seitab vom Gewühl der Tanzenden folgt, liegen als Embryo die
Julien, die Didos und die Medeen.[145]

Die märchenhafte Atmosphäre und Handlungsführung von *Der*
Traum, ein Leben verdanken sich zum großen Teil der Zauberdramatur-
gie des Alt-Wiener Volkstheaters. Es liegt ein wenig gattungsästhetische
Ironie darin, daß Grillparzer den Stoff für diese zauberhafte Aufhebung
der drei dramatischen Einheiten – des Raums, der Zeit und der Handlung
– in einer Erzählung Voltaires («Le Blanc et le Noir») fand, jenes Aufklä-
rers, den schon Lessing wegen seiner abstrakt dogmatischen Auffassung
der dramatischen Einheiten kritisierte. Grillparzer tut dies gleichsam
noch einmal mit den Mitteln des Volkstheaters.

Der junge Rustan kann darum auf offener Bühne und in einer Stunde
ein ganzes Leben träumen. Der Traum tritt – auch auf der Bühne – an die
Stelle der wirklichen Tat: Die «Tragödie» wird nur mehr geträumt, um
dem «Helden» die möglichen Kollisionen zu ersparen. Indessen scheint es
sich doch nur um die Flucht aus der Langeweile des saturierten biedermeierlichen Alltagslebens in Abenteuer und Exotik zu handeln. Rustan
soll eine Standesgenossin aus seiner Kaste heiraten. Sein Charakter wehrt
sich gegen die Tristesse dieser vorgeschriebenen Lebensbahn.

> *MASSUD: Ja, fürwahr, ein wilder Geist*
> *Wohnt in seinem düstern Busen,*
> *Herrscht in seinem ganzen Tun*
> *Und läßt nimmerdar ihn ruhn.*
> *Nur von Kämpfen und von Schlachten,*
> *Nur von Kronen und Triumphen,*
> *Von des Kriegs, der Herrschaft Zeichen*
> *Hört man sein Gespräch ertönen.*
> *...*
> *Während wir des Feldes Mühn*
> *Und des Hauses Sorge teilen*
> *...*

«Der Traum, ein Leben». Szenenbild von Josef Schmutzer

> *RUSTAN: Wie so schal dünkt mich dies Leben,*
> *Wie so schal und jämmerlich!*
> *Stets das Heute nur des Gestern*
> *Und des Morgen flaches Bild.*
> *Freude, die mich nicht erfreuet,*
> *Leiden, das mich nicht betrübt,*
> *Und der Tag, der stets erneuet,*
> *Nichts doch als sich selber gibt.*
> *O, wie anders dacht ichs mir*
> *In entschwundnen, schönern Tagen!*[146]

Aufgestachelt von seinem bösen schwarzen Diener, gewarnt von seinem guten weißen, versucht Rustan, die Prinzessin von Kaschmir als Braut zu gewinnen. Die gefahrvollen Abenteuer, die sich daraus ergeben, führen ihn schließlich ins Verderben. Da stellt sich heraus, daß doch alles nur ein böser Traum war. Von der gleichen biedermeierlichen Moral wie Medea belehrt, kehrt Rustan zurück in das stille Glück des bornierten Alltagslebens.

Breit es aus mit deinen Strahlen,
Senk es tief in jede Brust:
Eines nur ist Glück hienieden,
Eins, des Innern stiller Frieden,
Und die schuldbefreite Brust.
Und die Größe ist gefährlich,
Und der Ruhm ein leeres Spiel;
Was er gibt, sind nichtge Schatten,
Was er nimmt, es ist so viel.[147]

In seiner offenen, ein wenig hanebüchenen Art erhob schon Franz Mehring gegen diesen moralisierenden Schluß Einspruch. In der Meinung, daß «diese Auffassung bürgerlicher Philistrosität der proletarischen Moral schnurstracks widerstreitet»[148], scheute er sich nicht, den Schluß einfach umzudichten: «Was er gibt, sind neue Welten, / Was er nimmt, ist leeres Spiel.»[149] Freilich versuchte Mehring zugleich, das Dilemma von Grillparzers Situation historisch zu erklären: «Grillparzer lebte in einer Zeit, in der alles öffentliche Leben gewaltsam unterdrückt war, in der ein aufrechter Mann nur in der friedlichen Heimlichkeit seines Hauses frei atmen konnte, in der die herrschenden Klassen sich aufrechterhielten durch eine ununterbrochene Kette gemeiner und nichtswürdiger Streiche, in der Ehrlichkeit und Ehrgeiz sich so vertrugen, daß der Ehrliche ein Philister bleiben und der Ehrgeizige ein Schurke werden mußte. Insoweit hatte die Entscheidung, die Grillparzer und sein Held Rustan am letzten Ende trafen, ihren guten Sinn. Aber heute hat sie ihn nicht mehr.»[150]

Doch schon zu Grillparzers Zeiten konnte dies nur ein relativer Sinn sein. Den Rat nämlich, den er Raimund gab und der eine künstlerische Lösung für dieses Dilemma enthielt, hat er selbst kaum befolgt: Im Komischen hätte auch Grillparzer mehr Freiheit gewinnen können in der Gestaltung der Langeweile, als der neuen Physiognomie des bürgerlichen Alltagslebens, und ihres Pendants, der romantischen Flucht ins Abenteuer. Rustan ist ein enger Verwandter von Büchners Leonce und Nestroys Zerrissenem. Nur ist bei Nestroy die Langeweile keine ernsthafte Gefahr. Sie existiert auf seiner Bühne bloß für die zu reich gewordenen Kapitalisten und hält darum dem Gelächter eines Publikums aus dem alten Handwerker-Bürgertum nicht stand. Die Heimkehr von Büchners Leonce in die Langeweile des deutschen Duodezabsolutismus ist auch lächerlich, doch ist sie – wie schon der ganze vorangegangene Ausbruchsversuch – im Unterschied zur Komik Nestroys in Ironie getaucht. In der Komik oder in der Ironie hätte Grillparzer vielleicht eine ästhetische Form für seine Themen gefunden, die seinem Stück über die Misere der Zeit hinaus Sinn verliehen hätte.

Weh dem, der lügt! – Grillparzers einzige Komödie (wenn man von den

«Der Zerrissene», Szenenbild mit Nestroy (rechts) als «zerrissener» Herr von Lips

kleinen, ganz frühen und ziemlich blassen Lustspielen einmal absieht) –
ist nicht zufällig sein wohl bestes Theaterstück geworden. Die Komik
hebt darin die Lehrhaftigkeit des anklingenden Thesenstücks Zug um
Zug auf: durch die gesellschaftliche Praxis der handelnden Menschen
wird der abstrakte kategorische Imperativ des Titelworts überwunden zu-
gunsten konkreter ethischer Werte, wie sie sich eben nur im Handeln
selbst, im hic et nunc bestimmter Situationen verwirklichen können. Die
Geschichte vom fränkischen Küchenjungen Leon, der mit List den Neffen seines bischöflichen Herrn aus der Sklaverei der germanischen Barbaren befreit, fand Grillparzer bei der Lektüre der «Historia Francorum»
des Gregor von Tours (um 540–594). Als *Idee des Ganzen* formulierte
Grillparzer schon um 1820, *daß der Bischof Gregor, ein Eiferer gegen die
Lüge, dem Küchenjungen Leon, der sich erbietet, den Neffen seines Herren zu befreien, zur Bedingung setzt, sich dabei keiner Lüge zu bedie-
nen*[151].

    Bei der vom Bischof formulierten Titelmaxime handelt es sich in Grill-
parzers Konzeption kaum um eine religiös bestimmte ethische Norm. Der
josephinischen Tradition gemäß löste Grillparzer vielmehr die Dogmen
der Religion in philosophische Fragestellungen auf. Sein Bischof vertritt

darum eher den moralischen Rigorismus, mit dem Kant die Lüge als «größte Verletzung der Pflicht des Menschen gegen sich selbst» als «Wegwerfung und gleichsam Vernichtung seiner Menschenwürde» verworfen und ein «vermeintes Recht aus Menschenliebe zu lügen» heftig bestritten hat.[152] Die Handlung des Stücks erweist sich in diesem Sinn als dramatisch durchgeführte Kritik des kategorischen Imperativs.

Getragen wird sie ganz von dem plebejischen Küchenjungen Leon. Ohne dessen spontane Initiative käme es weder zur Befreiung des Neffen noch überhaupt zu einem Versuch.

> LEON: *Das muß man anders packen, lieber Herr.*
> *Hätt ich zehn Bursche nur gleich mir, beim Teufel! –*
> *Bei Gott! Herr, wollt ich sagen, – ich befreit ihn.*
> *Und so auch, ich allein. Wär ich nur dort,*
> *Wo er in Haft liegt!...*
> *Was gebt Ihr mir, wenn ich ihn euch befreie!*
> *Wär ich nur dort, ich lög ihn schon heraus.*[153]

Von Anbeginn zeigt sich Leon kraft seiner plebejischen Individualität als der Überlegene – den adeligen *dummen Teufeln im Barbarenland*[154] gegenüber ebenso wie dem fränkischen Adelssprößling, den es zu befreien gilt:

> GREGOR: *Allein wie könnt ein Jüngling, weich erzogen,*
> *Vielleicht zu weich, in solcher Not sich helfen,*
> *Durch wüste Steppen wandern, Feinden trotzen,*
> *Der Not, dem Mangel? – Atalus kanns nicht.*[155]

Ich schaffe selbst mein Brot / Und schaffs für andre auch[156] – mit diesen, das eigene gesellschaftliche Sein spontan erfassenden Worten stellt sich der freche Leon dem germanischen Grafen Kattwald vor und bietet sich selbst – wie in einer Antizipation der Lohnarbeit – als Sklave zum Verkauf an. Die ganze Komik dieser Szenen entsteht aus der Überlegenheit des plebejischen Dieners dem adeligen Herrn gegenüber. Leon ist gewissermaßen ein Sklave mit dem Selbstbewußtsein und der Handlungsfähigkeit schon eines Lohnarbeiters. Er kommt freilich aus der höher entwickelten fränkischen Kultur. Diese Konstellation gibt Grillparzer außerdem zum erstenmal Gelegenheit, versteckte Angriffe auf das Preußentum zu führen. Gerade Leons Profession – der Küchendienst – ermöglicht es auf poetisch feine Weise, seine kulturelle Überlegenheit mit der plebejischen Klugheit zu verbinden: *Hier nährt man sich, der Franke nur kann essen*[157], spottet er einerseits über Kattwald; andererseits weiß er die Gleichheit der Menschen aus der Küchenperspektive herauszustreichen:

Nun also: Euer Drohen acht ich nicht...
Ihr laßt mich hungern, ich laß Euch desgleichen;
Denn euer Magen ist mein Untertan,
Mein untergebner Knecht von heute an,
Wir stehn als gleiche gleich uns gegenüber.
Drum laßt uns Frieden machen wenn Ihr wollt.[158]

Auch in der Liebe vermag Leon die Idee der Gleichheit in seiner Weise durchzusetzen; er gewinnt das Interesse der Tochter seines neuen gräflichen Herrn:

LEON: Ei, liebes Kind, da bist du nicht viel.
Ein fränkischer Bauer tauschte wahrlich nicht
Mit eures Herren Herrn. Denn unter uns:
Ein Mensch ist um so mehr, je mehr er Mensch
(Mit einem Blick auf die Umgebung)
Und hier herum mahnts ziemlich an die Krippe.
Doch bist du hübsch, und Schönheit war und ist
So Adelsbrief als Doktorhut den Weibern.
Drum laß uns Freunde sein![159]

Und tatsächlich gibt Edrita, die Tochter des germanischen Grafen, letztlich dem Plebejer den Vorzug – selbst noch gegenüber dem fränkisch-adeligen Gefangenen, denn jener gefällt ihr, *weil er leicht und froh*, dieser aber ist ihr *beschwerlich und zur Last*[160]. Am schlechtesten freilich ergeht es ihrem ursprünglichen Bräutigam aus germanischem Adelsgeschlecht, dem dummen Galomir, obwohl Leon ihr sehr selbstlos gerade diesen mit einschlägigen Argumenten empfiehlt:

LEON: Und was die Klugheit, die ihm fehlt, betrifft:
Mein Kind, die dummen Männer sind die besten.
EDRITA: So dacht ich auch.
LEON: Sie lassen sich was bieten.
EDRITA: Und fordern alles nicht nach ihrem Kopf...[161]

Die List, die Leon gebraucht, um Atalus ohne Lüge zu befreien, beruht ganz auf der Dummheit der anderen: Er lügt gleichsam mit der Wahrheit. Er spricht sein Vorhaben so offen aus, daß die anderen es nicht als Wahres erkennen können. Im strengen Sinn lügt er also doch, da er mit der Unwissenheit der anderen spekuliert. Über Lüge und Wahrheit läßt sich nur in der absoluten Gegenseitigkeit des zwischenmenschlichen Bezugs entscheiden, und diese schließt die je konkrete Gesprächssituation ebenso ein wie das vermutete Verständnisvermögen des anderen. *Hast du die Wahrheit immer auch gesprochen, / (die Hand aufs Herz legend) / Hier fühl*

Joseph Kainz als Leon

ich dennoch, daß du mich getäuscht[162], sagt Edrita zu Leon. Durch die List Leons ist der Widerspruch zwischen abstrakter ethischer Norm und gesellschaftlicher Praxis, zwischen dem kategorischen Imperativ Gregors und der Notwendigkeit des Handelns nicht beseitigt. Die gesellschaftliche, ethische Praxis des einzelnen Menschen kann sich der Norm von Wahrheit und Wahrhaftigkeit stets nur annähern, soll sie aber gerade darum als regulatives Prinzip aller menschlichen Beziehungen nicht aus dem Auge verlieren. So werden beide belehrt, der Kantianer Gregor und der spontane Materialist Leon.

> *GREGOR: Wer deutet mir die buntverworrne Welt!*
> *Sie reden alle Wahrheit, sind drauf stolz*
> *Und sie belügt sich selbst und ihn, er mich*
> *Und wieder sie; der lügt weil man ihm log –*
> *Und reden alle Wahrheit, alle, alle.*
> *Das Unkraut, merk ich, rottet man nicht aus,*
> *Glück auf, wächst nur der Weizen etwa drüber.*[163]

Gregor scheint indessen noch anderes von Leon gelernt zu haben. Auf die adelige Herkunft legt er am Ende keinen Wert mehr und stellt Leon seinem Neffen gleich, indem er nun die demokratische Seite des Christentums hervorkehrt:

> GREGOR: *Gib nicht für einen Ahn, so alt er ist,*
> *Den ältsten auf, den ersten aller Ahnen*
> *. . .*
> *Der niedern Staub geformt nach seinem Bild,*
> *Des Menschen Antlitz ist sein Wappenschild.*[164]

«Ein sehr hübsches Lustspiel hab' ich gelesen, das bedeutend über den gegenwärtigen Lustspielschlendrian weg ist», schrieb der junge Friedrich Engels 1840 über *Weh dem, der lügt!*. «Hier und da blickt auch ein edler, freier Geist hindurch, dem die östreichische Zensur eine unerträgliche Last ist. Man sieht ihm die Mühe an, die es ihn kostet, einen aristokratischen Adligen so zu zeichnen, daß der adlige Zensor keinen Anstand findet.»[165]

Der Wert dieses Lustspiels zeigt sich vielleicht auch darin, daß es Grillparzer den ersten großen Mißerfolg einbrachte. Es mußte beim hochadeligen Publikum durchfallen, richtete es sich doch an das plebejische der Vorstädte. Andererseits aber erreichte es in Form und Sprache nicht die spontane Volkstümlichkeit der Stücke Raimunds und Nestroys. So fand sich Grillparzer mit seinem besten Stück plötzlich zwischen allen Stühlen: Den Weg weiterzugehen zur «Posse» des Volkstheaters verbat ihm seine geistige Herkunft aus der Ästhetik der Weimarer Kunstperiode, zu dieser aber konnte er auch nicht mehr ganz zurückkehren. Er tat das, was ihm stets schon am nächsten lag: Er zog sich zurück aus der Öffentlichkeit der Theater an seinen Schreibtisch, für dessen Schubladen er alle seine folgenden Stücke schrieb.

Noch einmal soll er nach diesem Mißerfolg erwogen haben, Österreich zu verlassen. Doch wer konnte und kann ihn darin noch ernst nehmen nach so vielen Jahren des Schwankens, das stets nur dem Jammern, aber nicht der Entscheidung Raum gab? Als Gutzkow ihn Anfang der dreißiger Jahre besuchte, wurde ihm «unheimlich bei diesem Manne; denn noch nie hab' ich Ratlosigkeit, Unmännlichkeit, gebrochenen Willen in diesem Grade gefunden. Er sollte in ein Kloster gehen. Er sagt, daß er von allen Seiten verfolgt werde, und ist doch seinem Herrn so treu. Es liegt in diesem Mißverständnisse eine eigene Ironie. Warum faßt der Mann keinen Entschluß! Warum wagt er nicht, drei Zeilen im Ausland drucken zu lassen! Ich wünschte, sie spielten dem Narren noch härter mit.»[166]

Es gibt ein schönes Gedicht von Grillparzer, worin er dieses den Widersprüchen ausweichende Schwanken, das letztlich auch den Dialog und

Panorama von Wien um 1840

den dramatischen Konflikt zwischen den Menschen unmöglich macht, als rauschähnliches Lebensgefühl einer ganzen Stadt beschrieben hat. Nicht zufällig gelang dieses Porträt von Wien nur im Rückblick, beim Verlassen der Stadt; es heißt: *Abschied von Wien.*

> *Schön bist du, doch gefährlich auch,*
> *Dem Schüler wie dem Meister,*
> *Entnervend weht dein Sommerhauch*
> *Du Kapua der Geister.*
>
> *Auf deinen Fluren geht sichs weich,*
> *Und Berg' und Wälder breiten*
> *Rings um dich her ein Zauberreich,*
> *Durch das die Ströme gleiten.*
>
> *Weithin Musik, wie wenn im Baum*
> *Der Vögel Chor erwachte,*

Man spricht nicht, denkt wohl etwa kaum
Und fühlt das Halb-Gedachte

. . .

Man lebt in halber Poesie,
Gefährlich für die ganze,
Und ist ein Dichter, ob man nie
An Vers gedacht und Stanze

Doch weil, von so viel Schönheit voll,
Wir nur zu atmen brauchen,
Vergißt man, was zum Herzen quoll,
Auch wieder auszuhauchen:

Die Tafel bleibt, die Leinwand leer,
Drum fort aus diesen Gründen!. . .[167]

*Schubert-Abend
bei Josef von Spaun. Schubert am
Klavier, Grillparzer rechts stehend
mit verschränkten Armen.
Zeichnung von Moritz von Schwind*

Das Gedicht vermag vielleicht zu erklären, warum unter der restaurierten habsburgischen Macht die Musik sich weiter entfalten konnte wie in keiner anderen Stadt, während der Poesie der Atem ausging. Die halbe Poesie ist gleichsam das Medium der Musik; sie muß die Schönheit nicht aushauchen in den Bedeutungszusammenhängen sprachlicher Kommunikation. Sie bietet hingegen unendliche Möglichkeiten, das Halbgedachte nur zu fühlen und sonst nichts. So muß sie auch die Innerlichkeit nicht unbedingt verlassen und hat darum von den Restriktionen habsburgischer Ideologie und Zensur nichts zu fürchten. Die Musik Schuberts hat aus diesen Möglichkeiten geschöpft wie keine andere. Gleichwohl liegt die Traurigkeit dieser Musik in der gefühlten Ohnmacht, aus der Innerlichkeit wieder zurückzufinden in die zwischenmenschlichen Beziehungen und in die Öffentlichkeit gesellschaftlichen Handelns. Wie kaum ein anderer Schriftsteller war Grillparzer übrigens sein Leben lang der Musik eng verbunden, spielte viel Klavier und komponierte sogar ein wenig.

Abgesehen von den unbedeutenden, am Jungen Deutschland orientierten liberalen Tendenzschriftstellern des österreichischen Vormärz (Anastasius Grün, Eduard von Bauernfeld), war es wohl einzig Lenau, der die Kraft aufbrachte, der Resignation Grillparzers zu widersprechen. So wandte er sich heftig gerade gegen das Gedicht *Abschied von Wien*; auf dessen erste Strophe – *Zu andern Grenzen lebensmatt / Die irren Schritte lenk' ich* – soll er erwidert haben: «Irrer Schritt, irrer Schritt! Warum irrer Schritt mit fünfzig Jahren? Man muß wissen, welchen Schritt man machen soll und ihn dann auch machen, wenn man dabei jemand andern auf den Fuß treten sollte! Überhaupt sollte man glauben, dieser Dichter meine, es sei in Wien nicht literarische Lebensluft. Das ist aber nicht wahr, denn die österreichischen Dichter sind in ihren Schöpfungen gar nicht gestört...»[168]

Dabei war doch Lenau der Dichter des Pessimismus und der Melancholie. Aus der frühen Lyrik der Verzweiflung und Enttäuschung entwickelte sich bei ihm jedoch in diesen späteren Jahren eine breite und entschiedene Kampfstimmung. Von ihr erfüllt, konnte Lenau immer weniger Verständnis für Grillparzers Anpassung aufbringen. Von allen Arbeiten Grillparzers gefiel ihm einzig die *Libussa*. Lenau konnte dabei wohl lediglich den ersten Akt gekannt haben, denn nur dieser war 1840 aufgeführt und ein Jahr später veröffentlicht worden.

Seit 1822 hatte Grillparzer bereits mehrmals an diesem böhmischen Sagenstoff gearbeitet; erst 1848 führte er das Drama zu Ende. Die Sage von Libussa, die Grillparzer im wesentlichen den Chroniken des Cosmas von Prag (aus dem 11. Jahrhundert) und des Wencelslav Hajek von Libotscha (aus dem 16. Jahrhundert) entnahm, verknüpft die Entstehung patriarchalischer Herrschaftsverhältnisse mit der Gründung der Stadt Prag. Libussa, eine mit Weisheit, Güte und magisch-prophetischer Kraft regierende böhmische Königstochter aus göttlichem Geschlecht, verkörpert darin jenes von so zahlreichen Mythen beschworene Goldene Zeitalter des Gemeineigentums und des Mutterrechts. Nach der Sage wurde der Bauer Primislaus (Premysl) – der legendäre Begründer der seit dem 9. Jahrhundert in Böhmen herrschenden Premysliden – vom Pflug weg auf den Thron, als Prinzgemahl, berufen. Mit seiner Machtübernahme endet das Goldene Zeitalter und die Epoche von Patriarchat und Privateigentum beginnt.

Franz Grillparzer läßt am Beginn Libussa mit Primislaus zufällig zusammentreffen, als jene für ihren todkranken Vater Heilkräuter sucht. Er rettet sie dabei aus tödlicher Gefahr. Da sie seinem Werben jedoch widersteht, bricht er sich unbemerkt ein Kleinod aus ihrem Gürtel. Durch diese Begegnung kehrt sie zu spät zurück: Der Vater ist bereits gestorben. Das ganz private Geschehen zwischen Primislaus und Libussa, die Motive von Raub und Versäumnis, sollen wohl Metapher sein für den Verlust jener gesellschaftlichen Unschuld, der den unwiderruflichen Beginn der Geschichte und das Ende eines quasi naturhaften Zustands der Menschen bedeutet. Die Konsequenzen dieser «Schuld» zeigen sich nicht sogleich. Zunächst übernimmt Libussa die Führung des Volks. Das Zusammenleben der Menschen wird fortan bestimmt durch Gefühl, Vertrauen, Milde und Demut – durch konkrete ethische Werte also, die eine abstrakte Rechtsordnung überflüssig machen sollen.

> *LIBUSSA: Von allen Worten, die die Sprache nennet,*
> *Ist keins mir so verhaßt als das von Recht.*
> *Ist es dein Recht wenn Frucht dein Acker trägt?*
> *Wenn du nicht hinfällst tot zu dieser Frist,*
> *Ist es dein Recht auf Leben und auf Atem?*
> *Ich sehe üb'rall Gnade, Wohlfahrt nur*
> *In allem was das All für alle füllt*
> *. . .*
> *Daß du dem Dürft'gen hilfst, den Bruder liebst,*
> *Das ist dein Recht, vielmehr ist deine Pflicht,*
> *Und Recht ist nur der ausgeschmückte Name*
> *Für alles Unrecht das die Erde hegt.*[169]

Franz Grillparzer läßt die mutterrechtliche, urkommunistische Ordnung durch Libussa überhaupt erst einführen – n a c h der Epoche einer als Naturzustand imaginierten Gesellschaft des Privateigentums und des Patriarchats (in der sogar das Geld bereits existierte). Die Konzeption des Stücks verfällt damit dem ahistorischen Geist eines Bürgertums, das seine Gesellschaft – im Guten wie im Bösen – als Naturzustand idealisierte. Libussas Ordnung, die doch in der Sage den wirklichen quasi-naturhaften Zustand der Menschheit vor dem Anbruch der Geschichte symbolisiert, sinkt zur romantischen und abstrakt utopischen Ausnahme vom Naturzustand herab. Das nimmt ihr jede reale historische Bedeutung, so schön sie als Utopie auch erscheinen mag.

> *Was gestern fest und wahr ists darum nicht auch heut.*
> *Der Reichtum letzter Zeit kam etwas stark zu Falle,*
> *Sonst hatten die und der, nun aber haben alle.*
> *Was kaufst du um dein Geld da wo nichts käuflich ißt,*
> *Das Land ein breiter Tisch, an dem, wer hungert ißt...*[170]

Dem Lob der neuen Ordnung wird von Anbeginn die Prophezeiung ihres baldigen Untergangs entgegengesetzt:

> *Verkehrt ist all dies Wesen, eitler Tand,*
> *Und los aus seinen Fugen unser Land.*
> *Weiber führen Waffen und raten und richten,*
> *Der Bauer ein Herr, der Herr mit nichten.*

Grillparzers Handschrift von Libussas Schlußworten

Und all dies Tändeln mit sanft und mild
Gibt höchstens 'ne Sangweis', ein feines Bild;
Doch wie's entstand unter einer Stirn,
Hats nirgends Raum als im Menschenhirn.[171]

Wieder einmal also versucht bei Grillparzer eine Frau, «aus den erhabenen Höhen der Reinheit der Ideen niederzusteigen, zu tun, zu handeln, zu leben, sich in das Leben anderer, in das ganze Leben einzumengen... Und ihre reine Erhabenheit kann die Menschen nie zu sich emporheben, und es war ihr noch weniger gegeben, sich zu ihnen herabzulassen, sich unter sie zu mengen, so zu werden, wie sie sind. Und Libussa stirbt, ihre Schwestern verschwinden von der Erde, als die Menschen zu sich kommen und die Erde für sich erobern wollen.»[172] Die alte matriarchalische Ordnung ebenso wie die Perspektive einer neuen, auf Gemeineigentum beruhenden Gesellschaftsform erscheinen in dieser Hinsicht als bloßes Ideengebilde. Es erstaunt darum wenig, wie rasch und widerstandslos sich die alten Herrschaftsstrukturen restaurieren, hat doch auch Libussa gar nicht wirklich das Privateigentum abgeschafft. Bei einem Streit um die Grenzziehung von Ackerland zwischen zwei Eigentümern verlangt das Volk unvermittelt nach einem Mann, der Recht sprechen und wieder herrschen soll. Allzu rasch auch wirft Libussa ihre Macht hin vor die Füße des zurückkehrenden Patriarchats.

Ihre prophetischen Worte dabei sind freilich gewaltig:

Was jetzo leicht und los das macht er fest,
Und eisern wird er sein so wie sein Tisch
Um euch zu bändigen, die ihr von Eisen.
Die Luft wird er besteuern, die ihr atmet,
Mit seinem Zoll belasten euer Brot,
Der gibt euch Recht, das Recht zugleich und Unrecht
Und statt Vernunft gibt er euch ein Gesetz,
Und wachsen wirds wie alles mehrt die Zeit,
Bis ihr für euch nicht mehr, für andre seid.
Wenn ihr dann klagt, trifft selber euch die Klage,
Und ihr denkt etwa mein und an Libussens Tage.[173]

Franz Grillparzer gelingt es in *Libussa* so wenig wie im *Goldenen Vlies*, die Liebesbeziehung der Protagonisten, hier Primislaus und Libussa, mit diesem epochalen Konflikt zwischen Matriarchat und Patriarchat zu vermitteln. Waren doch auch die Probleme, die die individuelle Liebe in der gemütlichen Aussichtslosigkeit eines biedermeierlichen Wohnzimmers hervorrief, denkbar anderer Art als jene in mythischen Figuren verkörperte gesellschaftliche Umwälzung. In *Libussa* jedoch drängt es Grillparzer von Akt zu Akt stärker aus dem biedermeierlichen Gefühlsmobiliar hinaus in die böhmische Sagenwelt. Im Unterschied zum *Goldenen Vlies* behaupten sich in diesem späten Werk der mythische Stoff und die darin aufgehobene geschichtliche Erfahrung stärker gegenüber den modernen privaten Konflikten. Gegen Ende nimmt das Stück vollends die undramatische Form der Gedankenlyrik an, die gleichsam mit den verteilten Rollen der dramatis personae deklamiert wird. Erst am Ende und in dieser Form gewinnt Grillparzer nun doch eine historische und gesellschaftliche Perspektive zurück, die den romantischen Zug von Libussas Figur aufhebt. Wenn Libussa die anbrechende Epoche des Patriarchats und des Privateigentums und auch schon ihr Ende vorausblickend entwirft, berührt sie durchaus die Entfremdungstheorie des jungen Marx:

> *Der Mensch ist gut, er hat nur viel zu schaffen,*
> *Und wie er einzeln dies und das besorgt,*
> *Entgeht ihm der Zusammenhang des Ganzen.*
> ...
> *Doch an die Grenzen seiner Macht gelangt,*
> *Von allem Meister was dem Dasein not,*
> *Dann wie ein reicher Mann, der ohne Erben*
> *Und sich im weiten Hause fühlt allein,*
> *Wird er die Leere fühlen seines Innern.*
> *Beschwichtigt das Getöse lauter Arbeit,*
> *Vernimmt er neu die Stimmen seiner Brust:*
> *Die Liebe, die nicht das Bedürfnis liebt,*
> *Die selbst Bedürfnis ist, holdsel'ge Liebe*
> ...
> *Dann kommt die Zeit, die jetzt vorübergeht,*
> *Die Zeit der Seher wieder und Begabten.*
> *Das Wissen und der Nutzen scheiden sich*
> *Und nehmen das Gefühl zu sich als Drittes;*
> *Und haben sich die Himmel dann verschlossen,*
> *Die Erde steigt empor an ihren Platz,*
> *Die Götter wohnen wieder in der Brust,*
> *Und Demut heißt ihr Oberer und Einer.*
> *Bis dahin möcht' ich leben, gute Schwestern,*
> *Jahrhunderte verschlafen bis dahin.*
> *Doch solls nicht sein, die Nacht liegt schwer am Boden*
> *Und bis zum Morgen ist noch lange Zeit.*[174]

In diesen letzten Worten Libussas, die zum Schönsten gehören, das Grillparzer geschrieben hat, wird auch der Bannkreis habsburgischer Ideologie durchbrochen. Sieht man sich nämlich seine Gestaltung des Konflikts von Matriarchat und Patriarchat genauer an, so zeichnen sich darin wie auf einem Vexierbild die Fronten von habsburgischem Mythos und bürgerlicher Gesellschaft ab. Hinter der Gestalt Libussas und ihrer erträumten Gesellschaftsordnung verbirgt sich wiederum die Utopie des guten habsburgischen Herrschers. Mit dieser Utopie wird den Einbrüchen der bürgerlichen Gesellschaft und ihrer Entfremdungen die Vorstellung einer Ordnung entgegengesetzt, in der christlich-feudale und urkommunistisch-matriarchalische Züge eigenartig zusammenfließen. Die Schlußrede Libussas bedeutet einen Bruch mit dieser Konzeption: die Notwendigkeit, durch die bürgerliche Gesellschaft hindurchzugehen, wird anerkannt, um zu neuen, den ursprünglichen ethischen Anforderungen wieder gewachsenen Beziehungen zu finden.

In dem Drama *Die Jüdin von Toledo*, das zusammen mit *Libussa* und dem *Bruderzwist in Habsburg* das Spätwerk Grillparzers bildet, kommt es wiederum zum Konflikt zwischen dem «männlichen» Prinzip der Staatsräson und der «weiblichen» Welt der Gefühle: Der spanische König Alfonso mißachtet seine Pflichten, als er der leidenschaftlichen Liebe zu Rahel, der Jüdin von Toledo, verfällt. (Der Stoff stammt aus der spanischen Geschichte des 12. Jahrhunderts; seine Bearbeitungen reichen von Lope de Vega bis zu Lion Feuchtwanger.) Doch Alfonso besitzt weder die «staatstragenden» patriarchalischen Eigenschaften des Primislaus (aus *Libussa*), er erscheint vielmehr willenlos und ohnmächtig, noch ist er eines großen Gefühls fähig, wie es sonst die «unmännlichen» Helden Grillparzers (Leander, der arme Spielmann) zu schönen Gestalten formt. Er liebt Rahel nicht wirklich, sondern nur *das Weib als solches, nichts als ihr Geschlecht*[175]. Die Figur Rahels wiederum ist zu schwach und steht wohl zu wenig im Mittelpunkt des Dramas, um – wie die anderen großen Frauenfiguren Grillparzers – ein Gegengewicht bilden zu können. Ihr fehlen die weltanschauliche Größe und die historische Bedeutsamkeit einer Libussa ebenso wie die konkrete Gefühlswelt und ethische Konsequenz Heros. Ihre Leidenschaften und ihre Sinnlichkeit werden vielmehr zu einer dämonischen Macht fetischisiert, mit der sie Alfonso unterwirft. In dem grausamen Ende, das ihr durch die staatliche Macht bereitet wird, damit der König seinen Pflichten wieder nachkommen kann, geht auch die Möglichkeit eines Humanismus verloren, den sie – wie Libussa – dem Staat gegenüber hätte behaupten können: Der Zorn ihrer Schwester Esther auf die *Großen*, die *ein Opfer sich geschlachtet aus den Kleinen*[176], verfliegt rasch im allgemeinen Verzeihen, das jedem gleichermaßen Schuld zuweisen möchte. Die Widersprüche, obwohl sie tödlich sind für Rahel, werden untragisch im allumfassenden Verzeihen aufgelöst. Und diese Versöhnung ist nicht wie die Libussas an den Gedanken des historischen Fortschritts geknüpft, in dem allein die tragischen Widersprüche sich aufheben ließen.

Schon in den frühen Werken Grillparzers wurden die Frauen durchweg als der bessere Teil der Menschheit charakterisiert – man denke an Sappho, Medea oder Hero. Solche Figuren entstanden sicherlich noch

Zeichnung von Grillparzer zur «Jüdin von Toledo»: Rahel und Esther mit dem Bild des Königs

unter dem Eindruck der Goetheschen Klassik. Grillparzer ging jedoch weiter, insofern er die Frage nach dem Verhältnis der Geschlechter in den Mittelpunkt seiner Dramatik rückte. Mit ihren gegen die patriarchalische Ordnung aufbegehrenden Frauenfiguren nimmt seine Dramatik darum eine unvergleichliche Stellung innerhalb der zeitgenössischen Literatur ein. In diesem Punkt steht Grillparzer auch Kleist und Hebbel am fernsten.

Die männlichen Helden nahmen bei Grillparzer indessen Züge an, die man stets den Frauen zuzuordnen pflegt: Entschlußlosigkeit, die Herrschaft eines momentanen Gefühls über den Verstand, Weichheit und Einfühlsamkeit. Nun in den späten Stücken scheint die Frau (Libussa) oder der solchermaßen ‹verweiblichte› Mann (Rudolf im *Bruderzwist in Habsburg*) auch zum Träger des habsburgischen Prinzips zu werden. Will man aber in die Hauptfiguren immer nur die Charakterzüge ihres Schöpfers wiedererkennen, so macht man es sich hier mit Sicherheit zu leicht. In der

Verknüpfung dieser Charaktere mit dem habsburgischen Mythos verbirgt sich auch eine gewisse dramaturgische Notwendigkeit. Die Figur jenes Rudolf aus *König Ottokars Glück und Ende*, die als frostige Allegorie des Kaisertums deklamierte: *Was sterblich war, ich hab es ausgezogen, / Und bin der Kaiser nur, der niemals stirbt*[177], konnte kaum der bewegende Mittelpunkt einer dramatischen Handlung werden, ohne daß diese selbst sich in einen barocken Festzug verwandelte. Die ungefährdete reiche Konkretheit einer unmännlichen Gefühlswelt soll darum in den späten Stücken den Frost habsburgischer Allegorien zum Tauen bringen. Die Figur Rudolfs II. aus dem *Bruderzwist* nimmt gewissermaßen die Allegorisierung Rudolfs I. im *Ottokar*-Drama zurück. Wie eine Antwort auf diesen mutet es an, wenn jener spricht: *Nicht Kaiser bin ich mehr, ich bin ein Mensch.*[178] Doch der Kaiser kann nur menschlich werden, indem er untergeht und stirbt. Und nur im Untergang vermag der habsburgische Mythos sich selbst zu kritisieren.

Rudolf II. Stich von M. Sadeler nach einem Gemälde von Hans von Achen

AVGVSTISSIMO ET GLORIOSISSIMO ROM. IMPERATORI, RVDOLPHO II. GERMANIÆ, HVNGARIÆ, BOHEMIÆ ETC REGI DÑO SVO CLEMENTISSIMO SVBIECTISSIMVS CLIENS ÆGIDIVS SADELER IN DEMISSÆ ET DEBITÆ OBSERVANTIA SIGNVM DEDICABAT ANNO .M.DCVIIII PRAGÆ.

So besitzt auch der *stille Kaiser* Rudolf aus dem *Bruderzwist in Habs-burg* durchaus ‹unmännliche› Züge, die insbesondere in der Konfronta-tion mit seinen politischen Widersachern, seinem Bruder Matthias und seinem Neffen Ferdinand, zutage treten. Zu dem kalten und menschen-verachtenden Machiavellisten Ferdinand (dem später siegreichen Voll-strecker der Gegenreformation), der gerade 20000 Protestanten vertrie-ben hat und gleichzeitig um eine protestantische Fürstin aus Staatsräson wirbt, sagt Rudolf:

> *Nun, ich bewundre Euch. – Weiß deine Hände!*
> *Ist das hier Fleisch? lebendig, wahres Fleisch?*
> *Und fließt hier Blut in diesen bleichen Adern?*
> *Freit eine andre, als er meint und liebt –*
> *Mit Weib und Kind, bei zwanzigtausend Mann,*
> *In kalten Herbstnächten, frierend, darbend!*
> *Mir kommt ein Grauen an. Sind hier nicht Menschen?*
> *Ich will bei Menschen sein. Herbei! Herein!*[179]

An anderer Stelle verteidigt er seine eigene Passivität mit den Worten:

> *Denn was Entschlossenheit den Männern heißt des Staats*
> *Ist meistenfalls Gewissenlosigkeit*
> *Hochmut und Leichtsinn, der allein nur sich*
> *Und nicht das Schicksal hat im Aug der andern...*[180]

Zugleich ist Rudolf der weltfremde Gelehrte, der sich außerhalb der Geschichte stellen und sie untätig, in kontemplativer Haltung betrachten möchte. In dieser Hinsicht kann man wohl sagen, daß er mehr als jede andere Grillparzersche Figur als Selbstporträt des Autors entworfen wurde. Dabei mußte Grillparzer diesmal nicht wie im *Ottokar* die Ge-schichte umschreiben, um zu einem Gleichnis für seine eigene historische Situation zu finden. Der Griff auf die Geschehnisse kurz vor Ausbruch des Dreißigjährigen Kriegs erwies sich als wesentlich glücklicher. Rudolf zog sich um so ängstlicher in den Prager Hradschin zurück – wo er sich seiner zwischen Aberglauben und Wissenschaft liegenden geistigen Tä-tigkeit widmete –, je schroffer die gesellschaftlichen Gegensätze hervor-traten, je deutlicher im Kampf zwischen Katholiken und Protestanten, den partikularistischen Fürsten und der kaiserlichen Zentralgewalt der große Krieg sich ankündigte. Mit dem geglückten historischen Bezug auf Rudolf hängt auch die innere formale Konsequenz des Dramas aufs Eng-ste zusammen. Wie viele der Figuren Grillparzers lebt auch Rudolf II. in einer Art epischen Distanz zu den geschichtlichen Vorgängen. Der retar-dierende, mit undramatischen Reflexionen beladene Stil der Dialogfüh-rung wird von dieser Situation des Rückzugs geradezu gefordert.

Grillparzer. Gemälde von J. M. Aigner, 1845

Doch Grillparzer ist es bei alldem nicht oder nur punktuell gelungen, die Fragwürdigkeit von Rudolfs Passivität, seines Rückzugs aus der Geschichte und ihrer Verantwortung ins Licht zu rücken. Dazu fehlte es ihm an innerer Distanz zu seinem *stillen Kaiser*. Hätte Grillparzer im dramatischen Konflikt der einzelnen gesellschaftlichen Kräfte noch Rudolfs Rückzug als beschleunigendes Moment der Krise gestalten können, dann wäre ihm wohl kaum eine Selbstkritik für seinen politischen Rückzug vor 1848 erspart geblieben. Dabei bot der Stoff an sich die besten Möglichkeiten für eine Kritik des habsburgischen Mythos: denn Rudolfs Scheitern zeigt die Überlebtheit des alten Kaiser- und Königtums, das der habsburgische Mythos – als Ideologie – wiederbeleben wollte. Rudolf verkörpert, gegenüber den neuen machiavellistischen und absolutistischen Herrschaftsformen, noch ganz die alte feudale Monarchie, die auf unmittelbarer persönlicher Abhängigkeit, auf kaiserliche Würde und fürstlicher Treue beruhte.

Am Ende des Stücks ist der Bezug zur Revolution von 1848 mit Händen greifbar. Der sterbende Rudolf verlangt nur eines von seinen Nachfolgern:

> *Und einig, einig seid! Das Neue drängt.*
> *Die alternden Geschlechter sterben aus,*
> *Das Band gelöst, bricht es die einzelnen.* [181]

Aus diesen Worten spricht deutlich genug Grillparzers eigene Angst vor dem Zerfall der Monarchie. Offen bleibt indessen, womit und wie diese Einheit gegenüber – oder mit? – dem Neuen bewahrt werden solle, da doch Rudolfs Methode *Im weisen Zögern seh'nd die einz'ge Rettung* [182] mit Sicherheit in den Abgrund führte.

Kein größerer Gegensatz aber ist denkbar als der zwischen der geschichtsphilosophischen Perspektive in Libussas Schlußworten und dem Abgrund jenes Geschichtspessimismus von Rudolf II. – so nah auch beide Figuren ihrem Schöpfer standen:

> *RUDOLF: Aus eignem Schoß ringt los sich der Barbar,*
> *Der, wenn erst ohne Zügel, alles Große,*
> *Die Kunst, die Wissenschaft, den Staat, die Kirche*
> *Herabstürzt von der Höhe, die sie schützt,*
> *Zur Oberfläche eigener Gemeinheit,*
> *Bis alles gleich, ei ja, weil alles niedrig.* [183]

Franz Grillparzer schloß beide Dramen 1848 ab; sie bezeichnen in aller Schärfe die letzte große Alternative für ihn selbst in der hereinbrechenden Revolution.

Der arme Spielmann im Jahre 1848

«... man sagt es hätte eine Revolution ausbrechen sollen
– aber ich glaube, solange der Österreicher noch braun's
Bier und Würstel hat, revoltiert er nicht.»
Ludwig van Beethoven, 1794 (Brief aus Wien)[184]

Im Januar 1848 schon enthusiasmierte sich Friedrich Engels über den seiner Ansicht nach baldigst bevorstehenden Untergang des Hauses Habsburg. ««Mich und den Metternich hält's noch aus», sagte der selige Kaiser Franz. Wenn Metternich seinen Kaiser nicht Lügen strafen will, so muß er möglichst bald sterben. Die buntscheckige, zusammengeerbte und zusammengestohlene östreichische Monarchie, dieser organisierte Wirrwarr von zehn Sprachen und Nationen, dies planlose Kompositum der widersprechendsten Sitten und Gesetze, fängt endlich an, auseinanderzufallen... Gewiß, über kein Land ist die Sturmflut der Revolution, ist die dreimalige napoleonische Invasion spurloser hinweggegangen als über Östreich. Gewiß, in keinem Lande haben sich Feudalismus, Patriarchalismus und demütige Spießbürgerei unter dem Schutze des väterlichen Haselstocks unbefleckter und harmonischer erhalten als in Östreich... ‹Mich und den Metternich hält's noch aus›. Die Französische Revolution, Napoleon und die Julistürme hat's ausgehalten. Aber den Dampf hält's nicht aus. Der Dampf hat sich durch die Alpen und den Böhmerwald Bahn gebrochen... der Dampf hat die östreichische Barbarei zu Fetzen gerissen und damit dem Hause Habsburg den Boden unter den Füßen weggerissen.»[185]

Tatsächlich scheinen in den habsburgischen Ländern seit dem Ende des Josephinismus staatliche Politik und ökonomischer Fortschritt sich mehr als anderswo zu widersprechen. Noch im 19. Jahrhundert behielt das österreichische Unternehmertum einen weitgehend merkantilistischen Charakter. Der österreichische Bourgeois konnte sich noch immer nicht von der engen Bindung an den Staat befreien: der «k. k. privilegierte» Fabrikant oder Großhändler blieb der dominierende Typus des Unternehmers, der sich deutlich vom westeuropäischen, politisch und ökonomisch selbständigen Bourgeois unterschied. In der Regierung und an den führenden Stellen der Staatsbürokratie hatte man auf die Ideen der Französischen Revolution mit einer patriarchalisch-romantischen Ideologie in gesellschaftlichen und ökonomischen Fragen reagiert. Gerade diese ideologische Konstellation zog wohl deutsche Romantiker wie Friedrich Schlegel, Friedrich Gentz oder Adam Müller in den Umkreis des Wiener Hofes. Die daraus entspringende Politik mußte ganz empfindlich die soziale und ökonomische Entwicklung in den habsburgischen Ländern hemmen. Kaiser Franz etwa dekretierte mehrmals ein Niederlassungsverbot von Fabriken in Wien und Umgebung, weil er und seine Berater ein Anwachsen der Arbeiterbevölkerung befürchteten, die als machtvoller Adressat der Ideen jakobinischer Intellektueller in Frage käme.

Freilich konnte sich die Gesellschaft der Habsburger Monarchie auf Dauer nicht der internationalen wirtschaftlichen Dynamik entziehen, wollte sie eine europäische Großmacht bleiben. Nach dem Wiener Kongreß setzte doch eine gewisse, gleichsam ideologisch gebremste Industrialisierung ein. Im Jahre 1816 wurde etwa die erste Dampfmaschine der Monarchie in einer mährischen Fabrik aufgestellt und das Polytechnische Institut in Wien zur Ausbildung von Ingenieuren gegründet. In den dreißiger Jahren ist der Eisenbahnbau in Angriff genommen worden.

Blickt man auf Wien, so mag der rasche gesellschaftliche Strukturwandel erstaunen, der sich hier unter der Decke einer unbeweglichen Restaurationsideologie und außerhalb der Geschlossenheit biedermeierlicher Lebensformen vollzog. In den zwei Jahrzehnten vor 1848 hatte sich die Bevölkerung der Stadt fast um die Hälfte vermehrt und die Zahl von 400 000 überschritten. Dabei war jedoch der Wohnraum kaum gewachsen. Immer noch versperrte der eiserne Ring des Befestigungsgürtels – Stadtmauer und Linienwall – das Zusammenwachsen von Vororten, Vorstädten und eigentlichem Stadtgebiet.

Wien war stets eine Stadt der Luxusgütererzeugung für Hof und Hochadel gewesen – abgesehen von der vor allem in den Ursprüngen bedeutenden Handelstätigkeit auf der Donau – und hatte dadurch einen gewissen ‹parasitären› Charakter im Vergleich zu den selbständigeren, freien mitteleuropäischen Städten ausgeprägt. Im Vormärz vollzog sich nun der langsame Niedergang dieser kleingewerblich zugeschnittenen, hochspezialisierten Betriebe (zur Herstellung von Seide, Galanteriewaren, Möbel usw.). Auf der anderen Seite wuchs die Zahl der Arbeitslosen und Obdachlosen ungeheuer an: vor 1848 zählte man in der so glanzvollen und lebenslustigen Kaiserstadt nahezu 10 000 Erwerbs- und Obdachlose und über 8000 Bettler.[186]

Das Alt-Wiener Volkstheater besaß seine gesellschaftliche Grundlage im Kleinbürgertum der Vorstädte – mit dem Kern des alten Handwerkertums. Erst als diese Grundlage durch die Kapitalisierung in Gefahr geriet, entfaltete das Volkstheater die ganze Kraft seiner Komik. Wie ähnlich die aristophanische Komödie dem Niedergang der antiken Polis entsprang, indem sie sich gegen ihn richtete, so ließ erst die Auflösung der plebeji-

«Zu ebener Erde und erster Stock» von Johann Nestroy:
Szenenbild mit geteilter Bühne

schen ‹Polis› der Vorstädte die Komödien des Johann Nepomuk Nestroy
entstehen, die zugleich Höhepunkt und Abschluß dieses Volkstheaters
bedeuteten. Nestroy gestaltete jene modernen Tendenzen, die dem
Handwerker-Kleinbürgertum das Rückgrat brachen – Kapitalisierung
und Proletarisierung –, durchaus noch ganz vom Standpunkt dieses alten
Bürgertums und seiner gleichsam urwüchsigen Demokratievorstellun-
gen. In seiner regionalen Beschränktheit liegt zugleich das einzigartige
Glück dieser Stücke. Denn durch sie entzog sich Nestroy dem Nationali-
tätenproblem, an dem die Revolution von 1848 scheitern sollte.

Die revolutionären Ereignisse hatten Wien eingekreist, bevor die Stadt
selbst davon erfaßt wurde: die Februar-Revolution in Paris, Lajos Kos-
suths Taufrede der österreichischen Revolution im Preßburger Landtag
Anfang März, wenig später die Veröffentlichung der tschechischen For-
derungen und dazu die gesteigerte Dynamik des jahrzehntelangen Befrei-
ungskampfs der Italiener und Polen.

Am 13. März 1848 zogen die Wiener Studenten zum Landhaus, wo sich
die niederösterreichischen Stände versammelten – eine überkommene

parlamentarische Körperschaft des Adels, die sich im Vormärz bürgerlichen Elementen zu öffnen begann und oppositionelle Regungen zeigte. Die Studenten wollten diesen liberalen Reformwünschen mit ihrem Aufmarsch Nachdruck verleihen. Durch den Einsatz des Militärs gegen die friedliche Demonstration schlug die Reformbewegung plötzlich in eine Revolution um. Die Massen der Proletarisierten in den Vorstädten erhoben sich. Deren lange aufgestauter Haß entlud sich spontan in der Zerstörung von Fabriken, Steuerämtern und Polizeistuben. Erst durch diese gewaltigen Unruhen in den Vorstädten siegte wohl die bürgerliche Revolution in der Innenstadt. Metternichs Rücktritt, die raschen Zugeständnisse der Regierung – Pressfreiheit, Konstitution und Nationalgarde – erfolgten unter dem Eindruck des plebejischen Aufstands.

Mit den liberalen Errungenschaften der März-Tage war das Wiener Großbürgertum soweit zufriedengestellt. Fortan fand es sich zum Kompromiß mit den alten Machtapparaten bereit. Im wesentlichen entsprach dies auch Grillparzers Haltung nach dem März 1848. Zunächst hatte er durchaus die revolutionäre Bewegung seiner *Landsleute* bewundert, die *sich in der ersten Zeit mit einer Liebenswürdigkeit benommen haben, daß man jeden einzelnen hätte küssen mögen... Mit so gutmütigen Leuten, schien es, könnte man die gefährlichsten Experimente anstellen.*[187] Mit seiner Unterschrift unter eine von Bauernfeld und Alexander Bach verfaßte

Barrikadenbau in Wien, 1848. Anonyme Lithographie

Petition für Preßfreiheit und Konstitution, die am 11. März 1848 im niederösterreichischen Landhaus überreicht worden war, hatte er seine Sympathie für die Reformbewegung öffentlich kundgetan.

Es ist interessant, daß Grillparzer dann sichtlich weniger vom Aufstand der Massen in den Vorstädten beunruhigt wurde als vom möglichen Zerfall der Monarchie: *Als... die Ungarn kamen und sich von der Gesamtmonarchie losrissen und die Menge, die das wußte, ihnen Vivats und Eljens* zurief, da merkte ich, daß die Dummheit, oder vielmehr Unbesonnenheit mit Unwissenheit gepaart, gefährlicher ist als die Schlechtigkeit, und war überzeugt, daß wir verloren seien.*[188]

Die Nationalitätenfrage ist tatsächlich die Hauptsorge Grillparzers gewesen, der er alle anderen unterzuordnen bereit war. *Wäre der östreichische Staat ein kompakter, von ein und demselben Volksstamme bewohnter, oder wären die Volksstämme von dem Wunsche des Zusammengehörens und Zusammenbleibens beherrscht; wäre die Richtung der Zeit eine solche gewesen, daß ein vernünftiges Einhalten nach Erreichung vernünftiger Zwecke vorauszusetzen gewesen, ich hätte die Hand freudig zu jedem Reformversuch geboten... So aber war – und gerade damals in höchstem Grade – von alle dem das Gegenteil. Italien befand sich bereits im Aufstande; Ungarn erwartete nur das Signal zu einem gleichen; die lächerliche Nationalitätsfrage hatte allen Volksstämmen der östreichischen Monarchie eine zentrifugale Bewegung eingedrückt.*[189] Hinter der Sorge um die Erhaltung des friedlichen Zusammenlebens der Völker in einem Staat verbirgt sich auch ein bestimmtes Interesse des deutschen bzw. deutschösterreichischen Bürgertums. Die Bürokratie des josephinischen Einheitsstaats war aus den Reihen der deutschsprachigen Österreicher hervorgegangen. In der Phase der Restauration wurden zwar auch die deutschen Österreicher von Metternichs Staatsapparat unterdrückt, doch gleichsam als Entschädigung behielten sie ihr jahrhundertealtes Privileg, sich als eigentliche ‹Staatsnation›, als das ‹Herrenvolk› zu fühlen. Freilich nicht nur das. Mit Hilfe des gewaltigen bürokratischen Apparats, der sich wie ein Netz auf alle Völker der Monarchie ausgedehnt hatte, konnte das deutschösterreichische Bürgertum früh schon aus dieser Sonderstellung seinen Extraprofit schlagen. «So gehemmt... sich die deutschösterreichische Bourgeoisie auch entwickelte, konnte sie dennoch durch die mit ihr versippte Bürokratie die Entwicklung der slawischen und ungarischen Bourgeoisie, der Konkurrenz also, noch mehr behindern und verzögern; anstatt dem Kapitalismus durch vereinte Anstrengung die Tore aufzusprengen, entstand auf diese Art ein kleines, verbittertes Drängen und Stoßen auf gewundenen Hintertreppen, wobei die vom Staatsapparat ausgeschlossenen Nationen den kürzeren zogen. Für die deutschsprechende Bourgeoisie, für die 140000 Beamten... bedeutete also die demo-

---

* Eljen! (ungarisch): Er lebe hoch!

«Du schönes Schäfermädchen» – Grillparzers eigenhändige Notenschrift eines selbstkomponierten Allegrettos nach Heinrich Heines «Du schönes Fischermädchen»

kratische Revolution zwar eine geschichtliche Notwendigkeit, gleichzeitig aber eine Bedrohung ihrer Vorrechte gegenüber anderen Nationen.»[190]

Der arme Spielmann erschien im Taschenbuch «Iris» für das Jahr 1848; es ist wohl der allerletzte und der traurigste Abgesang des Josephinismus, des josephinischen Beamtentums. Unschwer hört man dabei Grillparzers eigenen Lebensweg heraus. Der Held der Erzählung, ein armer Bettelmusikant, war einst *Abschreiber* in der Kanzlei gewesen. *Ich war fleißig, nur aber zu ängstlich. Ein unrichtiges Unterscheidungszeichen, ein ausgelassenes Wort im Konzepte, wenn es sich auch aus dem Sinne ergänzen ließ, machte mir bittere Stunden. Im Zweifel, ob ich mich genau ans Original halten oder aus Eigenem beisetzen sollte, verging die Zeit angstvoll, und ich kam in den Ruf nachlässig zu sein, indes ich mich im Dienst abquälte wie keiner. So brachte ich ein paar Jahre zu, und zwar ohne Gehalt, da, als die Reihe zur Beförderung an mich kam, mein Vater im Rate einem anderen seine Stimme gab und die übrigen ihm zufielen aus Ehrfurcht.*[191]

Der arme Spielmann schüttet in dieser traurigen Weise sein ganzes Leben vor dem Erzähler aus, der ihn zufällig auf dem Brigittenauer Kirtagsfest kennengelernt hat. Vor dem Versagen als Beamter und vor der Einsamkeit unter den Menschen fand er schließlich Zuflucht in der Tonkunst, im einsamen Geigenspiel. Doch sein Leben lang versucht er eigentlich nur ein einziges Lied nachzuspielen, ein Volkslied, das er zufällig ein einfaches, armes Mädchen hat singen hören. Der verarmte Beamte ist indessen dem einfachen Alltagsleben, dem solche Volksmelodien entspringen, schon so weit entfremdet, daß er die Melodie nicht mehr – wie eben Volkslieder weitergegeben werden – spontan nach dem Gehör, sondern nur mehr nach Noten lernen kann. *Schreibt man denn derlei auch auf?* fragt ihn darum das Mädchen. *Freilich! war meine Antwort, das ist ja eben die Hauptsache. Und wie haben denn Sie's erlernt, werte Jungfer? – Ich hörte es singen, und da sang ich's nach. – Ich erstaunte über das natürliche Ingenium; wie denn überhaupt die ungelernten Leute oft die meisten Talente haben.*[192]

So hat Grillparzer in seiner Erzählung auch das Problem seines literarischen Schaffens mit einer Radikalität offengelegt wie sonst nur in den vor der Öffentlichkeit versteckten Tagebüchern. Der arme josephinische Spielmann sehnt sich nach der einfachen Volkspoesie. Doch einzig seine soziale Deklassierung nähert den gescheiterten Beamten dem Leben des Volks an, in seinem Innersten bleibt es ihm fremd. Er kann es nur über die Notenschrift der klassischen Formen verstehen, die zwar selbst einmal aus diesem Leben entstand, doch inzwischen zu weit von ihm sich entfernt hat. Den armen Spielmann verschmäht schließlich auch die von ihm geliebte einfache Sängerin jenes Liedes, weil er in allen lebenspraktischen Dingen stets versagt. *Ein ehrliches Gemüt wird Ihnen niemand abstreiten, aber Sie sind schwach, immer auf Nebendinge gerichtet... ändern müßten Sie sich! Ich hasse die weibischen Männer... Lassen Sie das Musizieren sein und denken Sie auf die Notwendigkeit!... Eigentlich verdienen Sie kein Mitleid – hier wurde sie immer heftiger – wenn man so schwach ist, seine eigenen Sachen nicht in Ordnung halten zu können; so leichtgläubig, daß man jedem traut, gleichviel ob es ein Spitzbube ist oder ein ehrlicher Mann. – Und doch tut's mir leid um Sie. Ich bin gekommen, um Abschied zu nehmen. Ja, erschrecken Sie nur. Ist's doch Ihr Werk. Ich muß nun hinaus unter die groben Leute, wogegen ich mich so lange gesträubt habe.*[193]

Ganz unerwartet aber entspringt im Augenblick der Katastrophe eine heroische Kraft der verschlossenen Innerlichkeit, der ‹schönen Seele› des Bettelmusikanten. *Die ehrliche Seele saß da oben sicher in seiner Kammer. Als aber das Wasser kam und er die Kinder schreien hörte, da sprang er herunter und rettete und schleppte, und trug und brachte in Sicherheit, daß ihm der Atem ging wie ein Schmiedegebläs.*[194] Bei dieser Rettungsaktion während der katastrophalen Überschwemmung der Brigittenau erkältet sich der arme Spielmann so sehr, daß er bald darauf stirbt.

Mit dieser Erzählung gelang Grillparzer die schönste Elegie auf seine eigene gesellschaftliche Herkunft. Die josephinische Idylle, die sich zu Anfang in dem Lob der Volksverbundenheit ankündigt, findet nicht statt. Der Bettelmusikant erweist sich indessen trotz seiner Skurrilität keineswegs schon als satirische Figur. Erst bei Karl Kraus und Robert Musil wird der habsburgische Beamte solche satirischen Züge annehmen. Den stillen Heroismus, der in der Erzählung der elegischen Trauer zu entspringen vermag, hat Grillparzer im Leben nicht erreicht. Und das Jahr 1848 zog in dieser Hinsicht unter alle positiven Möglichkeiten seiner künstlerischen und politischen Entwicklung den Schlußstrich. Die Innerlichkeit des habsburgisch-josephinischen Beamten wurde zur machtgeschützten – ganz ähnlich wie dies Thomas Mann für den preußischen Typus konstatiert –, als Grillparzer sein Loblied auf die konterrevolutionäre Gewalt Marschall Radetzkys schrieb.

Die Liebe zum Volk, auf der Grillparzer in der begrenzten Atmosphäre der Erzählung den stillen Heroismus begründete, konnte und wollte er selbst politisch und gesellschaftlich nicht verallgemeinern, wie eben auch die Unfähigkeit des deutschösterreichischen Bürgertums, Demokratie und Freiheit über die Grenzen des eigenen Vorteils (gegenüber den anderen Nationen und gegenüber dem Proletariat) hinaus zu verallgemeinern, das Schicksal der Revolution entschied. Doch früher schon trennte sich Grillparzer dabei von den besten und fortschrittlichsten Teilen dieses Bürgertums.

Ich weiß, ich gelte für einen Schwarzgelben. Ich bin es auch; aber ein Schwarzgelber nach dem 15. Mai, nicht vor dem 13. März.[195] Im Mai brach der zweite Aufstand los, gerichtet gegen den Versuch der Reaktion, die revolutionären Verbände und Körperschaften (vor allem das Politische Zentralkomitee der Nationalgarde und der akademischen Legion) aufzulösen. In Barrikadenkämpfen vor der Hofburg setzten die Aufständischen schließlich die Einberufung eines österreichischen Reichstags durch. Erst nach diesen Ereignissen, als Grillparzer sich schon auf die Seite des Hofes, der «Schwarzgelben» geschlagen hatte, wurden die Widersprüche innerhalb der revolutionären Bewegung virulent. Zunächst schenkte die deutschösterreichische Linke der Nationalitätenfrage überhaupt zu wenig Aufmerksamkeit. Die Avantgarde der Revolution – also vor allem die Studenten – kümmerte sich fast nur um die politischen Auseinandersetzungen in Wien und Niederösterreich. So war es für den Hof ein Leichtes, mit dem ihm loyal gebliebenen Militär unter der Führung der Feldmarschälle Windischgrätz und Radetzky weiterhin die Politik gegenüber den anderen Völkern der Monarchie mit Gewalt zu bestimmen. Diese Laisser-faire-Politik der deutschösterreichischen bürgerlichen Linken hing wohl letztlich mit den eigenen Interessen an der nationalen Vorherrschaft zusammen. Es ist die Konsequenz jener Lebenslüge, in der dieses Bürgertum bis zum Ersten Weltkrieg gelebt und gedacht hat: den Ideen von Gleichheit und Freiheit zwar gegenüber dem Adel politisches Gewicht zu verleihen, nicht aber in den Beziehungen zu den anderen Völkern der Monarchie. (Daß das Proletariat ebenso davon ausgenommen wurde, ist dabei kein Spezifikum der österreichischen Bourgeoisie.)

Die deutschösterreichische Linke votierte für die Teilnahme an der Frankfurter Nationalversammlung und für eine Vereinigung mit Deutschland – allerdings sprach sie nicht nur im Namen der Deutschösterreicher, sondern auch des gesamten nichtungarischen Teils der Monarchie. So berief man ebenso tschechische und polnische Abgeordnete nach Frankfurt. Denn der größte Teil der Linken hielt es für selbstverständlich, daß die Länder der böhmischen Krone gleichfalls in dem neuen Großdeutschland aufgehen sollten, und hielt es für überflüssig, die Tschechen nach ihren eigenen Wünschen zu fragen.[196] Diese jedoch waren durchaus anderer Meinung. Für sie bedeutete das Aufgehen in einem neuen Großdeutschland den nationalen Untergang, fühlten sie doch, daß sie dem guten Willen der Deutschen hinsichtlich ihrer einfachsten ethnischen Rechte nicht trauen durften. Sie wehrten sich immer deutlicher gegen eine Eingliede-

Graf von Radetzky.
Lithographie von
Gabriel Decker
nach einem Gemälde
von W. Skallitzky, 1848

Arbeiterzug, Wien 1848. Lithographie von C. Goebel

rung und betonten mit den anderen Völkern ihre nationale Selbständigkeit. Als die Truppen des Fürsten Windischgrätz im Juli die Revolution in Prag blutig niederschlugen, schwieg das revolutionäre Wien. Keine Hand rührte sich, um Prag zu helfen. Man fand nicht einmal entschiedene Worte der Verurteilung, nicht mehr als einen milden Tadel an die Adresse von Windischgrätz. Dagegen schrieb Engels in der «Neuen Rheinischen Zeitung»: «Die österreichische Soldateska hat die Möglichkeit eines friedlichen Zusammenlebens von Böhmen und Deutschland im tschechischen Blute erstickt... Die Deutschen haben in ihrer Revolution die Sünden ihrer ganzen Vergangenheit zu büßen... Eine Nation, die sich in ihrer ganzen Vergangenheit zum Werkzeug der Unterdrückung gegen alle andern Nationen hat gebrauchen lassen, eine solche Nation muß erst beweisen, daß sie wirklich revolutioniert ist. Sie muß es anders beweisen, als durch ein paar halbe Revolutionen, die kein anderes Resultat haben, als unter andern Gestalten die alte Unentschiedenheit, Schwäche und Uneinigkeit fortbestehen zu lassen; Revolutionen, bei denen ein Radetzky in Mailand, ein Colomb und Steinäcker in Polen, ein Windischgrätz in Prag, ein Hüser in Mainz bleibt*, ganz als ob nichts vorgefallen... Und da ver-

---

* Friedrich August von Colomb, Christian Karl Anton Friedrich Freiherr von Steinäcker und Hans Gustav Heinrich von Hüser waren Generale des preußischen Militärs.

langen die Deutschen, die Tschechen sollen ihnen vertrauen? Und man verdenkt den Tschechen, daß sie sich nicht an eine Revolution anschließen wollen, die, während sie sich selbst befreit, andere Nationen unterdrückt und mißhandelt?»[197]

Einen Monat später, im Juni 1848, schrieb und publizierte Grillparzer die Hymne dieser Mißhandlung und Unterdrückung:

Feldmarschall Radetzky

Glück auf, mein Feldherr, führe den Streich!
Nicht bloß um des Ruhmes Schimmer,
In deinem Lager ist Österreich,
Wir andern sind einzelne Trümmer.

Aus Torheit und aus Eitelkeit
Sind wir in uns zerfallen,
In denen, die du führst zum Streit,
Lebt noch ein Geist in allen.

...

Gemeinsame Hilf' in gemeinsamer Not
Hat Reiche und Staaten gegründet,
Der Mensch ist ein einsamer nur im Tod,
Doch Leben und Streben verbündet.

Wär' uns ein Beispiel dein ruhmvoller Krieg,
Wir reichten uns freudig die Hände.
Im Anschluß von allen liegt der Sieg,
Im Glück eines jeden das Ende.[198]

Etwa zum selben Zeitpunkt – am 3. Juni – zertrümmerten Wiener Arbeiter auf dem Glacis die Werbehütten für die Italien-Armee Radetzkys. Die spontane selbständige politische Aktion der Arbeiter, die doch in erster Linie für ihr Recht auf Arbeit und Lohn protestierten, zeigt wohl, welche gesellschaftliche Kraft sich in diesem geschichtlichen Augenblick bereit fand, Freiheit, Gleichheit und Brüderlichkeit über die Grenze der eigenen Nation hinaus durchzusetzen.

Nachwelt zu Lebzeiten

> *Der Despotismus hat mein Leben, wenigstens mein litera-*
> *risches zerstört, ich werde daher wohl Sinn für die Frei-*
> *heit haben.*[199]
>
> 1850

«Der Radikale», die Wiener «Abendzeitung für das In- und Ausland», antwortete (am 1. Juli 1848) auf Grillparzers Radetzky-Hymne mit einem satirischen Porträt: «Grillparzer. Abgestorbener Dichter. In seiner Jugend gastierte er auf dem Parnaße als Ahnfrau, in seinem Alter nahm er Dienste als Marketenderin beim Feldmarschall Radetzky. Reiste einmal verkleidet als Sappho, wurde aber sogleich erkannt und in seine gebührenden Grenzen zurückgewiesen. Er versprach viel für die Freiheit zu tun, so lange man ihn nicht beim Wort halten konnte; aber später nahm er es gewaltig übel, daß man ohne ihn das Joch der Willkür abgeschüttelt. Seitdem predigt er das Evangelium militärischer Subordination und besingt die Unterdrücker freier Völker, in Versen jedoch, denen die Subordination unter Prosodie und Einsicht etwas stark mangelt. Echter Malcontenter; sieht aus, als wenn er sich von lauter saurer Milch nähre... sollte er für den Reichstag wider Erwarten durchfallen, so ist ihm die Stelle eines Ober-Pedellen an der Universität gewiß.»[200]

Das Charakteristische an Grillparzers Persönlichkeit liegt aber darin, daß er diesem Porträt in seinem Innersten wohl zustimmte. Er betrachtete sich selbst nach 1848 mehr und mehr als «abgestorben». Öfters äußerte er in dieser seiner letzten Lebensphase, er wolle nicht mehr leben. *Ich bin in dem Alter, wo man nur noch von Erinnerungen lebt... aber die Toten und die Lebensmüden rücken nahe zusammen.*[201] Seine Lebensmüdigkeit verstärkte sich durch einen Unfall im Jahre 1863. *Ich bin durch einen gewaltsamen Sturz... des Gebrauches meiner edleren Sinne halb beraubt und zugleich so angegriffen im Kopfe, daß ich mich kaum mehr zur Literatur zählen kann.*[202] *Wenn man keine Familie hat, weiß man nicht, warum man jetzt noch leben soll.*[203]

Franz Grillparzer hatte keine Familie, aber er hatte die drei Schwestern Fröhlich. Mit ihnen lebte er in einer seltsamen, familienähnlichen Gemeinschaft in der Spiegelgasse. Er selbst bewohnte seit 1849 mit seiner

*Grillparzer. Gemälde von
Friedrich Amerling, 1856*

Bibliothek zwei kleine, komfortlos eingerichtete Zimmer, die in ihrer Kargheit etwas an Goethes Arbeitsräume im Weimarer Haus am Frauenplan erinnern. Allerdings – und dies mag für Grillparzers gesellschaftliche Situation typisch sein – fehlte ihm gänzlich jene «öffentliche», ästhetisch gestaltete und mit reichen Kunstschätzen ausgefüllte Wohnsphäre von Goethes Haus, in der das gesellschaftliche und kulturelle Leben Weimars sich abspielen konnte.

Wohnzimmer Grillparzers in der Spiegelgasse 21. Aquarell von Franz Alt

Die drei Schwestern Fröhlich wohnten nebenan; in ihrer stillen, sich unterordnenden Art machten sie, wie Friedrich Kaiser berichtet[204], den Eindruck von Wirtschafterinnen oder Haushälterinnen.

Mitte der fünfziger Jahre sucht Grillparzer nach dreiundvierzigjährigem Beamtendienst um den Ruhestand an. Im Gesuch an Kaiser Franz Joseph hebt er als Grund die Schwäche seines Augenlichts besonders hervor. Mit seiner Pensionierung wird er zum Hofrat ernannt. Als sein Nachfolger Otto Prechtler, ebenfalls ein dichtender Beamter, den Schreibtisch übernahm, fand er ihn mit «Kritzeleien» übersät. «Meistens waren es Epigramme. Auf Schreibunterlagen, auf unscheinbaren Papierschnitzeln, selbst auf Akten fanden sich manchmal recht bösartige Verse vor.»[205]

«Als das Alter unseren Dichter noch schonender beugte», berichtet in den sechziger Jahren der Wiener Literarhistoriker Emil Kuh über Grillparzer, «da konnte man ihn täglich in den Mittagsstunden gegen den Prater oder die Glacien entlang wandeln sehen, beständig in sich hineinmurmelnd, als ob er sich zu einer Sache beschwatzen wollte, die ihm nicht unbedenklich scheine. Jetzt aber wagt er sich kaum mehr über den nächsten Umkreis seines Hauses in der Spiegelgasse hinaus, und wenn er einige Schritte weitergehen will, so begleitet ihn seine ebenfalls betagte Freundin Katharina Fröhlich.»[206]

Nicht nur das Altern schränkte Grillparzers Bewegungsfreiheit empfindlich ein. In diesen Jahren starb auch Alt-Wien. Man begann mit der völligen Umgestaltung der Hauptstadt des Habsburger Reichs. Die Stadtmauer wurde geschliffen; Stadtkern, Vorstadt und Vororte wuchsen zur modernen Großstadt zusammen. «Traurig stimmte ihn die architektonische Umbildung, welche seine Vaterstadt erfuhr: Um seine Bastei war ihm leid; sein liebes Wasserglacis mit dem Kinderjubel, den Ziegengruppen und der schläfrigen Musik im altertümlichen Pavillon, war ihm nicht nur ein äußerer, war ihm ein wesentlicher Verlust, und voll wehmütiger Aufmerksamkeit verfolgte er die beginnenden Anlagen des Stadtparks, einem Vertriebenen gleich, der sich resigniert, sah man ihn häufig dort auf und nieder wandeln.»[207]

Franz Grillparzer hatte das alte Wien nie verlassen wollen, jetzt verließ es ihn. Er hatte sich gegen die revolutionäre Bewegung gestellt, er wandte sich aber mit Grauen auch von jener Wirklichkeit ab, die ihr nun entgegengesetzt wurde. Denn der Umbau der Stadt erfolgte nicht zuletzt unter denselben strategischen Gesichtspunkten wie jener gleichzeitige in Paris: Er sollte – vor allem mit den mächtigen Kasernenbauten an den wichtigsten Punkten der Stadt – einem neuerlichen revolutionären Aufstand von vornherein das Wasser abgraben.

Neben den gesundheitlichen Bedingungen des Alterns dürfte die Entfremdung vom gesellschaftlichen und politischen Leben der anbrechenden Gründerjahre den Ausschlag gegeben haben, daß Grillparzer nun endgültig die literarische Produktion einstellte. (Mit Ausnahme von Überarbeitungen hat er seit den fünfziger Jahren nichts Wesentliches mehr geschrieben – auch nicht für den Schreibtisch.) *Was den Ertrag der Schriftstellerei betrifft, so war ich ein Schriftsteller, bin aber keiner mehr; ich habe nämlich seit 20 Jahren nichts drucken und nichts neues aufführen lassen*[208], teilt er 1860 – nicht ganz korrekt – der Steueradministration mit. An Adalbert Stifter heißt es in einem Brief: *Indes ich mich abhärte und manchmal vor mir selbst erschrecke, so stumpf bin ich geworden. Die Poesie hat mich verlassen, wie schon früher die Musik, und ich bin wie ein vormals wohlhabender Mann, der sein Vermögen im Börsespiel verloren. Ja wohl, im Börsespiel!... Den Lumpen wird der Fortschritt leicht, was soll denn aber derjenige tun, der zu seinem Unglück Überzeugungen hat?*[209] Immer wieder betont er die Kunstfeindlichkeit der neuen, von bloß industriellen Fortschritten geprägten Zeit. Ein Gedicht macht ihm *den Eindruck eines Schmetterlings im Winter. Die poetische Temperatur hat sich so abgekühlt, daß derlei Kinder des Gefühls und der Phantasie kaum einen Ort finden um auszuruhen.*[210]

Das literarische und kulturelle Leben in Deutschland und Österreich hatte sich nach 1848 ebenso rasch und tiefgreifend gewandelt wie das gesellschaftliche und politische. Heine und Lenau starben. Dem Alt-Wiener Volkstheater wurde durch den sozialen Strukturwandel, der das Ende des alten Handwerker-Bürgertums nun auch in Wien herbeiführte, der

Fundamentbau der Oper in Wien. Blick über den Stadtgraben mit Grundmauern, 1862

Franz-Josephs-Kaserne und neu angelegte Ringstraße, um 1870

Boden entzogen. Eine der letzten Rollen Nestroys war der Jupiter in Jacques Offenbachs Operette «Orpheus in der Unterwelt». Das neue Genre der Operette verdrängte unglaublich rasch das Volkstheater. Die Wiener Operette eines Johann Strauß entsprach dabei den Bedürfnissen der neuen Bourgeoisie der Habsburger Monarchie noch viel besser als das Pariser Vorbild, da sie auch auf die politisch-satirischen Anspielungen Verzicht leistete und sich ganz dem «Glücklich ist, wer vergißt» hingab.

Die ehemals fortschrittlichen, liberalen «Tendenzschriftsteller» suchten den Kompromiß mit dem Regiment der Habsburger (Anastasius Grün, Eduard von Bauernfeld) oder mit dem der immer mächtiger werdenden Preußen (Ferdinand Kürnberger). Grillparzer begriff sehr schnell, daß sein Werk und seine ästhetischen Ansichten in diese Zeit noch weniger paßten als in die Metternich-Ära. Während Epigonen wie Friedrich Halm oder Robert Hamerling in aller Öffentlichkeit sich daran

Nestroy als Jupiter in Jacques Offenbachs «Orpheus in der Unterwelt»

machten, ihre von keinem Gefühl mehr belebten, klassizistischen Dekorationen auf dem Erbe Grillparzers zu errichten, hält er selbst die drei vollendeten Dramen – *Libussa, Bruderzwist* und *Jüdin von Toledo* – vor der Öffentlichkeit zurück. Sie werden zu Lebzeiten weder aufgeführt noch gedruckt. Bis zuletzt weigert er sich auch, einer Gesamtausgabe seiner Werke, die ihm von verschiedenen Seiten angetragen wird, zuzustimmen.

Am drängendsten bittet Stifter: «Meinem wärmsten Wunsche in Hinsicht Ihrer haben Sie selber stets entgegen gestrebt: einer Herausgabe Ihrer gesammelten Werke... Aber es soll nicht sein, Sie selber sind gegen sich der ungerechteste Mann.»[211]

Der alte Grillparzer schien überhaupt zur Leitfigur Stifters geworden zu sein. Hier suchte Stifter Legitimation für den Rückzug von den großen gesellschaftlichen Themen. «Könnte ich den Umgang meiner Freunde und so manches bedeutenden Mannes, besonders des edlen Grillparzer, genießen, so dürfte vielleicht manches kleine Schöne sprießen, obwohl nicht jenes große und begeisternde, mit dem ich mich einst im Übermute trug, und das wohl nur eine fata morgana gewesen ist.»[212]

Doch Grillparzer selbst war weit davon entfernt, sich als Leitfigur einer jüngeren Generation zu empfinden. Im Gegenteil: in den späteren Jahren verstärkt sich noch die Kritik am eigenen Werk. 1869 schreibt er an Goedeke: *... jetzt bin ich mein eigener Kritiker geworden.*[213] Die Konsequenz und Unnachgiebigkeit dieses Kritikers macht wohl die eigentliche menschliche Größe des alten Grillparzer aus. Sitzend zwischen den zahllosen Bänden Shakespeares, Calderóns, Lope de Vegas, der deutschen und der antiken Klassiker, die er alle in seiner Bibliothek angesammelt hat, versucht er sein eigenes Scheitern zu begreifen, aber auch die mögliche Größe und Bedeutung, die in ihm liegen könnten: *Was mein... Streben war und, wie es scheint, nicht gelungen ist, war die Poesie dem ursprünglichen, durchaus bildlichen, die Berechtigung in der Empfindung und nicht im Gedanken Suchenden der alten Dichter näherzubringen; die neuern Dichter, so vortrefflich sie sein mögen, hatten mir immer so viel Beimischung von Prosa, so viel lehr- und reflexionsmäßiges, daß ich eigentliche Erquickung nur in der alten Poesie fand, wo die Gestalt noch der Gedanke und die Überzeugung der Beweis ist... Die Griechen, die Spanier, Ariost und Shakespeare waren die Freunde meiner Einsamkeit, und ihre Darstellungsweise mit der Auffassung der neuern Zeit in Einklang zu bringen mein halb unbewußtes Streben. Da ich aber mit meiner Ansicht in den letzten zwanzig Jahren so ziemlich allein stand, so war es mir nicht möglich, die Anschauung immer lebendig und rein zu erhalten, um so weniger als ich, durch die traurige Lage der Welt und meines Vaterlandes vielfach zerstreut und gestört, die Ausführung nicht mehr so in einem Zuge vollenden konnte... Zwischen dem Anfang und der Beendigung des «Goldenen Vlieses» starb meine Mutter, und ich machte die Reise nach Italien.*

Dann kam jener schändliche Geistesdruck in Österreich, den ich darum nicht weniger empfand, weil mir nicht jedes Mittel recht war, ihn abzuschütteln. «Hero und Leander» [d. i. Des Meeres und der Liebe Wellen], «Weh dem, der lügt», zwei meiner liebsten Stoffe und von vornherein ganz naiv gemeint, sind nicht das geworden, was sie hätten werden sollen... und ein paar andere Stücke in meinem Pulte werden, solang ich lebe, das Licht des Tages nie erblicken, weil ihnen jenes Lebensprinzip fehlt, das nur die Anschauung gibt und der Gedanke nie ersetzen kann. Damit will ich mich nicht rechtfertigen und meine Schuld auf die Zeit und die Verhältnisse schieben. Ein wahrer Dichter hätte sich über alles das weggesetzt und einen Mittelpunkt in seiner Begeisterung gefunden. Aber eine zu berührbare Natur mit einer hypochondrischen Anlage und einem entschiedenen Widerwillen gegen die Öffentlichkeit konnte unter den gegebenen Umständen sich nicht viel anders nehmen und fassen. Auch ist dabei keine kleintuerische Bescheidenheit gemeint. So fühle ich mich gegenüber dem, was sein soll. Gegenüber dem, was sonst in unseren Tagen ist, kenne ich meine Vorzüge sehr gut. Man könnte aber sehr gut der beste Dichter einer gegebenen Zeit und noch immer ein höchst unbedeutendes Licht sein.[214]

Bemerkenswert an dieser Selbstkritik ist, daß Grillparzer nicht nur den inneren ästhetischen Gründen für das poetische Scheitern nachspürt – dem Mangel an unmittelbarer Anschauung und der Überfrachtung mit Reflexionen –, sondern auch einen wesentlichen «äußeren» zumindest anzudeuten weiß: den Verlust der Öffentlichkeit.

Franz Grillparzer hätte vermutlich auch Stifter geraten, seinen «Nachsommer» besser in der Schublade zu lassen. Er konnte wohl kaum jenen künstlerischen Weg gutheißen, den Stifter mit seiner «habsburgischen Heimatliteratur» und seinen Studien einschlug. Erzogen von der Ästhetik der Weimarer Periode, galt ihm zeitlebens als Axiom, daß der Mensch im Mittelpunkt der Kunst, und insbesondere der literarischen und dramatischen, zu stehen habe. In der Polemik Friedrich Hebbels gegen Stifter befindet er sich – auch wenn er dies nicht ausspricht – auf der Seite Hebbels: «Erst dem Mann der ewigen Studien, dem behäbigen Adalbert Stifter, war es vorbehalten, den Menschen ganz aus dem Auge zu verlieren... und selbst derjenige, der dem Verfasser noch durch das Gebiet der Botanik mit Ruhe und Geduld gefolgt ist, muß einsehen, daß die ästhetische Tat aufhört, wo die Rezepte anfangen.»[215]

Franz Grillparzers persönliche Beziehung zu Hebbel war vielleicht gerade deshalb von größeren Spannungen bestimmt als jene zu Stifter, weil sich die beiden Dramatiker in ihren ästhetischen Anschauungen und Fragestellungen viel näher standen. Die Verwandtschaft aber in den prinzipiellen Fragen der Kunst zeigt sich nicht zuletzt darin, daß Hebbel in der Öffentlichkeit meist bemüht war, Grillparzer vor seinen Gegnern zu verteidigen. Noch während der Revolution schrieb er (in einem seiner Berichte für die «Allgemeine Zeitung von Stuttgart und Augsburg»): «...es gibt hier Leute, die erklären, es sei mit Kunst und Wissenschaft vorbei, und diese Leute führen das Wort öfter als ich. Wenn Grillparzer ein Gedicht auf Radetzky drucken läßt, so verurteilen sie den Dichter nach dem einzelnen Gedicht, die Dichtkunst nach dem einzelnen Dichter... Glücklicherweise loben sie die Kinder, obgleich sie die Mütter schelten; die Taten gefallen ihnen, und da diese ohne die durch Wissenschaft und Kunst erzeugten Gedanken nicht zur Welt gekommen sein und noch weniger die Kraft sich zu behaupten besitzen würden, so läßt sich eine gütliche Beilegung des Handels hoffen.»[216]

Wichtiger war es in der Folge wohl, Grillparzer gegen seine neuen Anhänger zu verteidigen. Denn seine selbstgewählte Isolation und seine Entfremdung der neuen Zeit gegenüber standen im krassen Gegensatz zu der plötzlichen Berühmtheit, die ihm nach 1848 zuteil wurde. Er selbst nahm sie durchaus mit gemischten Gefühlen entgegen. Grillparzer, der niemals noch für eines seiner Werke öffentlich geehrt worden war, bekam jetzt, nach seinem Radetzky-Gedicht, einen Orden nach dem andern. Zunächst wurde ihm das Ritterkreuz des Leopoldordens verliehen. Nach Friedrich Kaisers Bericht soll er es nie getragen haben.[217] Als er 1856 in Pension gehen darf, erhält er den Hofratstitel und wird vom Kaiser in Audienz empfangen. Anschließend äußert er, drei Silberzwanziger wären ihm lieber gewesen.[218] 1861 beruft ihn dann Franz Joseph in das Herrenhaus als Mitglied auf Lebensdauer. Grillparzer entwirft eine Absage, schickt sie indessen nicht ab, und tut seine Pflicht.

Seine Kritik an den neuen Verhältnissen zog sich mehr denn je ins Private zurück; sie wurde zum Nörgeln, insofern sie in jeder Erscheinung das Unheil des Ganzen erblickte, ohne doch völlig zu verzweifeln. (Erst bei Karl Kraus sollte das Nörgeln, eine offenbar spezifisch österreichische Geisteshaltung, plötzlich öffentlich werden.) «Er ist eine servile Natur», äußerte Hebbel über Grillparzer (zu L. A. Frankl 1863). «Im Privatgespräch kann man nicht genug zornige Schmähworte über gewisse hohe Persönlichkeiten hören, die er dann öffentlich besingt... Dieser Dualismus der österreichischen Poeten fällt mir sehr auf...»[219]

So bewahrt Grillparzer in den Tagebüchern durchaus seine kritische Einstellung zur habsburgischen Herrschaft. Hier auch findet er scharfe Worte über Radetzky, den er öffentlich besungen hatte. Nun nennt er ihn, in dessen Lager er Österreich zu sehen glaubte, *einen Schlaukopf... der alles zu seinen Zwecken benützt, selbst die Poesie, solange er sie braucht*[220]. Und in seiner Einsamkeit am Schreibtisch versucht der müde gewordene Schriftsteller sich vom Verdacht des Opportunismus freizusprechen: *Auch die übrigen Staatsmänner hatten wohl geglaubt, mich mit Orden und Achtungsbezeigungen recht ins Feuer zu jagen, daß ich wie ein geblendeter Finke patriotische Ergießungen ausströmen sollte. Aber weh unserem Staate, wenn ich mich je wieder poetisch mit ihm beschäftigen sollte, es wäre nämlich ein Zeichen, daß er wieder am Rande des Unter-*

Grillparzer. Fotografie von Angerer

gangs stünde. Zum Schmeichler hab' ich mich nie hergegeben, und selbst in jenem Gedichte war Radetzky mehr der Anlaß als der Inhalt.[221]

Begriff sich Grillparzer zum Zeitpunkt dieser Notiz – im September 1849 – offensichtlich noch als eine Art poetische Feuerwehr der Monarchie, so wurde seine privatisierende Kritik an dem restaurierten Habsburger Staat in den späteren Jahren immer schärfer und unduldsamer. *Der östreichische Staat hat sich rekonstruiert, d. h. mit einigen neuen aufgedrungenen Formen auf die alten Grundlagen wiederhergestellt: Gewalt und Dummheit.* (1852)[222] *Nichts wird in Östreich besser werden, so lange die Pfaffenpartei nicht gesprengt ist. Denn da sie wissen, daß sie im Lande verhaßt sind und nur die Gewalt der Regierung sie hält, so müssen sie alles tun, um die Despotie zu erhalten.* (Vermutlich 1860)[223]

Als öffentliche Person, zu der er auf allerhöchsten Wunsche gemacht wurde, zollte der Nörgler indessen die ganze Zeit hindurch seinen Tribut an die habsburgische Macht: er verfertigte kleine Hymnen, Trinksprüche und Gedichte zu höfischen Geburtstagen, Hochzeiten und ähnlichem; er schrieb als Mitglied des Herrenhauses eine aggressive Adresse gegen die ungarische Verfassung. In diesem Fall jedoch machte sich Grillparzer aus innerster Überzeugung zum Sprecher der deutschösterreichischen Bourgeoisie. (Auch Nestroy übrigens spendete ihm dafür Applaus.)[224]

Doch die Ehrungen kamen nicht nur vom Haus Habsburg. König Maximilian von Bayern verlieh Grillparzer 1853 den Michaels- und den Maximilianorden. Die Universitäten Wien und Leipzig machten ihn im Schiller-Jahr 1859 zu ihrem Ehrendoktor. 1864 wurde er zum Ehrenbürger der Stadt Wien und zum Ehrenmitglied des Deutschen Hochstifts Frankfurt am Main ernannt. An seinem 70. und an seinem 80. Geburtstag erhielt er zahllose Glückwünsche verschiedenster Herkunft – die fürstlichen überwogen. «Mein lieber Grillparzer!» gratulierte in familiärem Ton Kaiser Franz Joseph zum Achtzigsten, «dem echten Patrioten, dem Greise mit dem treuesten Herzen für das österreichische Vaterland und seinen Fürsten...»[225]

Bei genauerem Hinsehen stritten sich um diese Zeit bereits zwei gesellschaftliche und politische Lager um Grillparzers Erbe. Neben den Vertretern der habsburgischen Ordnung bemühten sich nun auch die ins preußische Fahrwasser steuernden deutschnationalen, ehemals liberalen Kräfte um sein Werk und seine Person. Diese Bemühungen erwiesen sich indessen als wesentlich konfliktreicher. Bei der Schiller-Feier im Jahre 1859 wurde Grillparzer als Festredner eingeladen. Die Deutschtümelei der seit einigen Jahren forcierten Schiller-Verehrung war Grillparzer zuwider, war er doch ein Schiller-Verehrer alten Schlags geblieben. Für die Feier in den Sofiensälen verfaßte er eine kleine Rede, in der er davor warnte, Schiller vor den Karren der Politik zu spannen. Die Rede wurde zurückgewiesen, statt dessen feierte man den nicht zu Wort gekommenen Redner. Heinrich Laube hielt einen enthusiastischen Toast auf Grillparzer, als

Die kaiserliche Familie, links Kaiser Franz Joseph

den neben Kleist größten Nachfolger Schillers. Doch Grillparzer selbst hatte sich, ganz in seiner Art, aus der Versammlung bereits fortgeschlichen – ob aus Scheu und Bescheidenheit oder aus Protest, läßt sich einmal mehr nicht ausmachen. Laubes Verhalten zeigt den Januskopf der ganzen kulturellen Entwicklung der Habsburger Monarchie nach 1848. Nach Deutschland hin sprach er von Vaterland – im Norden sei Kleist, im Süden Grillparzer sein größter Dichter; zu Österreich gewendet, heißt es «Heimat» – «und unser Österreich ist seine Heimat»[226].

Heinrich Laube war Ende 1849 Leiter des Burgtheaters geworden. Er war es, der in den folgenden Jahren Hebbels Werk mehr und mehr aus dem Repertoire drängte und andererseits die Rückkehr von Grillparzers alten Stücken auf diese Bühne – nach zwanzig Jahren Absenz – initiierte. Schon 1850 wurde die *Medea* gespielt, es folgten in den nächsten Jahren alle bereits im Vormärz aufgeführten Stücke – mit Ausnahme von *Ahnfrau* und *Weh dem, der lügt!*, der beiden wohl bemerkenswertesten Dramen aus seiner Feder. Seine drei neueren Stücke (*Libussa, Bruderzwist, Jüdin von Toledo*) gab Grillparzer nicht zur Aufführung frei.

Eine seltsame Ausnahme bildet dabei die Aufführung des dramati-

Heinrich Laube

schen Bruchstücks *Esther*. Grillparzer hatte das Drama über die biblische Frauenfigur, die zwischen der Liebe zum fremden König und der jüdischen Volkszugehörigkeit schwankt, 1830 zu schreiben begonnen – und nach 1848 die Arbeit daran abgebrochen. Nun ließ er sich verführen, einen Teil davon, ein Fragment also des Fragments, drucken (1863) und das ganze Fragment auch aufführen zu lassen. Bei der Aufführung in Baden im Jahre 1868 war er, der im Burgtheater bei keinem seiner wiederaufgenommenen Stücke zugegen war, sogar anwesend. Vielleicht war er zu dieser Ausnahme bereit, da es sich um einen Torso handelte. Der fragmentarische Charakter entschuldigte es gewissermaßen vor der eigenen, an klassischer Vollkommenheit geschulten Kritik. Begriff Grillparzer sein ganzes Werk vor dem Hintergrund des Goetheschen als ein einziges großes Fragment, so mag ihm *Esther* als einziges aufführbar erschienen sein, da es seinen Charakter eingestand.

Heinrich Laube hatte offenbar begriffen, daß Grillparzers Werk sich für eine Kultur verwenden ließ, die das Gedächtnis von 1848 (und damit sein eigenes Renegatentum) auslöschen konnte – eine ideologische Restauration, die mit Hebbels Werk in Österreich vermutlich schwerer möglich war. So eröffnete er die Nachwelt Grillparzers noch zu dessen Lebzeiten. Denn Laube agierte völlig unabhängig von Grillparzer selbst oder sogar im Gegensatz zu dessen eigenen Bestrebungen, als er ihm die Szene öffnete und für ihn die Feder führte. Erst als dieser tatsächlich gestorben war, konnte er allerdings die erste Werkausgabe (1872 in zehn Bänden) betreiben und 1884 die «Lebensgeschichte Franz Grillparzers» publizieren.

Heinrich Laube hatte damit die Weichen für die Grillparzer-Rezeption des nächsten halben Jahrhunderts gestellt. Grillparzer diente in der Folge dazu, der Sonderentwicklung Österreichs kulturelles Gewicht zu verleihen und zugleich die Zusammengehörigkeit beider deutscher Staaten nicht preiszugeben. Nach der Niederlage gegen Preußen und der Abkopplung von der deutschen Geschichte, die mit der Reichsgründung von 1871 definitiv geworden war, benötigte man in der Habsburger Monarchie einen eigenen Klassiker, um der preußischen Vereinnahmung Schillers und Goethes etwas entgegensetzen zu können. Als Pendant gewissermaßen zur Weimarer Ausgabe Goethes erschien im Auftrag der Stadt Wien ab 1909 eine historisch-kritische Ausgabe Grillparzers, die als österreichisches Kuriosum sogar eine Auswahl jener Aktenstücke enthält, die Grillparzer bearbeitet hatte.

Die nationale Doppeldeutigkeit des Grillparzer-Bildes erwies sich insbesondere nach dem Zusammenbruch der Habsburger Monarchie als verhängnisvoll. Hofmannsthal etwa konnte sich auf Grillparzer berufen, um die Einheit zwischen Österreich und Deutschland im Sinne einer «konservativen Renaissance» zu begründen.[217] Wenn Grillparzer wenig später von Austrofaschisten und Nationalsozialisten gleichermaßen beansprucht werden konnte, so bedeutete dies wohl die letzte Konsequenz der nach 1848 initiierten doppeldeutigen Rezeption, gegen die Grillparzer selbst sich kaum mehr zur Wehr setzen konnte.

Demgegenüber entsprach die Bedeutung Grillparzers für die ins Exil getriebenen Antifaschisten – ob es sich nun um den Monarchisten Joseph Roth oder den Kommunisten Ernst Fischer handelte – viel eher der Einstellung des alten Grillparzer zur deutschen Entwicklung. Bei aller Unentschlossenheit bewies er in einem Punkt großen politischen Scharfsinn und sogar eine prophetische Intuition: in der Frage, welche Gefahr von Preußen bzw. von einem «verpreußten» Deutschland für Europa ausgehen würde. Wie sonst nur Heinrich Heine hat er alle schlechten Möglichkeiten des deutschen Nationalismus zu einer Zeit ausgelotet, als diese von den konsequentesten Demokraten noch unterschätzt wurden. *Ich fürchte die Präponderanz Preußens fast noch mehr als die Frankreichs. Bismarck wird nun nach allen Ländern, wo noch ein deutsches Wort gesprochen wird, seine Hand ausstrecken… ich bin froh, daß ich 80 Jahre alt bin und von den Weltereignissen wenig mehr berührt werde. Und wie es*

Grillparzer-Denkmal im Wiener Volksgarten

heute bei uns aussieht, muß ich sagen, ich bin kein Deutscher, sondern ein Österreicher, ja ein Niederösterreicher und vor allem ein Wiener.[228]

Mit diesem Rückzug von der deutschen Frage, ja überhaupt von der Frage der Nation weist Grillparzer den deutschsprachigen Schriftstellern der Habsburger Monarchie den wohl einzig gangbaren Weg. Was an Bedeutendem von diesen für die deutsche Literatur geschaffen wurde, mußte schon in der vergangenen Periode der Nationalität ausweichen; ob es sich nun um Lenau handelte, der in den religiösen und nicht nationalen Kämpfen der Vergangenheit seine Themen suchte, oder um Nestroy, der sich auf die Sphäre des Wiener Kleinbürgertums beschränkte. Auch Ludwig Anzengruber, der einzige bedeutende Dramatiker der kommenden Periode, schöpfte seine literarischen Kräfte paradoxerweise aus der Einschränkung seines Gesichtsfelds auf die Provinz.

So klar Grillparzer das Dilemma der deutschen Entwicklung durchschaute, so genau er die Kunstfeindlichkeit und den kulturellen Auflösungsprozeß der anbrechenden neuen kapitalistischen Periode registrierte, er selbst wußte keinen gesellschaftlichen Ausweg aus der Krise der deutschen und europäischen Kultur. Im tieferen Sinn stand er auf verlorenem Posten. In der Sache der Kultur war er weder Romantiker noch Liberaler, und noch weniger ein Revolutionär. Er verharrte stillschweigend, aber von zunehmenden Zweifeln geplagt, auf dem Boden der Aufklärung und der Weimarer Klassik. Im September 1850 notierte er: *Das Traurigste in den Ereignissen der letzten Zeit besteht nicht in dem Unglück, das sie über die Gegenwart gebracht haben, sondern darin, daß der Glaube an die Perfektibilität der Menschheit, an die sogenannte Erziehung des Menschengeschlechtes, darin höchst wankend geworden ist. In dem Augenblicke, als man die Welt auf einer weiß Gott wie hohen Stufe der Bildung glaubte, kommt der Tag der Prüfung, und sie steht schlechter und alberner da als jemals. Ja, sie zeigt geradezu die Erscheinungen einer abwärts gehenden oder sich auflösenden Kultur... Wie die Deutschen dazu kommen sollen, ihrem Eigendünkel zum Trotz von der hohen Stufe herabzusteigen, die sie erreicht zu haben glauben, und die Sache wieder anzufangen, wo Lessing und Kant und Goethe sie gelassen haben, das übersteigt jede Voraussagungsgabe.*[229]

Die lebenslange Treue zur Kultur der Aufklärung und der Weimarer Klassik verbindet Grillparzer noch in diesen späten Jahren mit dem Humanismus Gottfried Kellers. Dieser schrieb denn auch 1872, kurz nach Grillparzers Tod, er wundere sich «über die säuerliche miserable Art, wie manche Norddeutsche von Überschätzung Grillparzers sprechen. Es ist doch fast jedes Stück eine Entdeckung von Schönheitsfundgruben; es reicht k e i n e r der letzten vierzig Jahre hinan!»[230] Mit dieser Anspielung auf Goethes Todesjahr deckt er in feiner Weise seinen inneren Bezug zu Grillparzer auf.

Freilich weiß auch niemand besser, den Gegensatz zu Grillparzers Leben und Werk zu beschreiben als Keller selbst – und auch dies in versteckter, doch zugleich drastischer Weise: Grillparzer mangle vielleicht «ein

Grillparzer im Sarg

Begräbnis Grillparzers auf dem Währinger Ortsfriedhof

gewisser Leichtsinn, welcher Mangel den Mann von Jugend auf so ängstlich an der heimatlichen Bureaukratenkarriere kleben und ihn nie frisch
und frei in die Welt aussegeln ließ. Hätte er sich der Fremde anvertraut, so
hätte sie ihn zu dem Ihrigen gemacht und der Heimat als einen gemachten
Mann zurückgegeben. Wer aber unter Heimatliebe nur die Zuhaushocke-
rei versteht, wird der Heimat nie froh werden, und sie wird ihm leicht nur
zu einem Sauerkrautfaß.»[231] In Kellerscher Art sind hier die gewichtig-
sten epochalen Fragen in leichtester, alltäglichster Form berührt. Ihr ganzes Gewicht aber erhalten sie durch Kellers eigene Entwicklung – der
ausgezogen war und sich der Fremde Heidelbergs und Berlins anvertraut
hatte. Dort war er mit der Philosophie Ludwig Feuerbachs und dem geistigen Leben Deutschlands um 1848 in Berührung gekommen, und diese
Fremde gab ihn der schweizerischen Heimat nach Jahren erst als großen
deutschen Schriftsteller zurück. Auch versuchte er lange Zeit hindurch
als freier Schriftsteller zu leben; als er dann doch das Stadtschreiberamt
des Kantons Zürich übernahm, gelang es ihm, schriftstellerische Tätigkeit und staatsbürgerliches Amt so ziemlich in Einklang zu bringen. Gewiß, die Heimat, in die sich Keller nach der gescheiterten Revolution von

1848, nach seinem persönlichen Scheitern in der Fremde, zurückziehen konnte, unterschied sich in jeder Hinsicht von der Gesellschaft der Habsburger Monarchie, die Grillparzer nie zu verlassen sich getraute. Ihre «urwüchsige» Demokratie erlaubte es Keller, die großen und «hohen» Ideale des deutschen Idealismus und der Weimarer Klassik mit dem «kleinen», alltäglichen, schweizerischen Leben zu vermitteln. Und er fand dafür auch die geeignete künstlerische Form. Nachdem er auf dem Feld der Dramatik hoffnungslos gescheitert war und im Roman seinen eigenen Weg erzählt hatte, gewann er diese Form in der Novelle.

Franz Grillparzer hingegen wagte sich noch weniger als Goethe selbst aus der schlechthin klassischen Gattung, dem Drama und der Tragödie, hinaus, um nicht den Boden der bürgerlichen Prosa zu betreten. Die Schönheit und die historische Wahrheit des *Armen Spielmann* zeigen indessen deutlich, welche Richtung sein Schaffen hätte nehmen können, um dem Scheitern der klassischen Form an der bürgerlichen Wirklichkeit zu entgehen. Die kleine erzählerische Form hätte vielleicht auch für ihn einen künstlerischen Ausweg aus dem Dilemma der nachklassischen Periode geboten, den Klassizismus vermieden, ohne doch das Erbe der Klassik preiszugeben. Wesentlicher noch wäre dabei der inhaltliche Bezugspunkt in der Gesellschaft der Vorstädte, wie er im *Armen Spielmann* zu finden ist, um den Humanismus der Kunstperiode zu einem Realismus der Demokratie weiterentwickeln zu können. *Weh dem, der lügt!* zeigt diese inhaltliche Perspektive vielleicht noch prägnanter, da hier die Form der Komödie auf eine Wirklichkeit gewordene Möglichkeit eines solchen Realismus hindeutet: auf Nestroys Stücke für das Alt-Wiener Volkstheater.

Wenn ich einmal tot bin, muß man mich im Zusammenhalte mit meiner Zeit schildern. Unter Kaiser Franz mußte jeder Dichter oder Literator, wenn nicht vernichtet, so doch verkümmert werden.[232]

Franz Grillparzer, wie er selbst es fordert, im *Zusammenhalte* mit seiner Zeit zu schildern, bedeutet wohl auch, die Entscheidungsspielräume und die Alternativen seiner Entwicklung zu entdecken und auszuschreiten. Sonst erstarrt das Porträt zur Totenmaske.

Der Tod, der per se keine Alternativen mehr bietet, mag darum nur den Schein von Grillparzers Leben symbolisieren: Ohne Krisis und ohne Krankheit schlummerte Grillparzer am Sonntag, den 21. Januar 1872, gegen halb drei Uhr nachmittags in seinem Lehnstuhl ein.

Anmerkungen

Die Zitate wurden der heutigen Rechtschreibung behutsam angeglichen, wobei bestimmten Eigenarten der Interpunktion (etwa der Setzung von Kommata zur rhythmischen Gliederung, zur Markierung von «Pausen») Rechnung getragen wurde. Die ursprüngliche Schreibweise wurde hingegen bei historisch-bedeutsamen Abweichungen bestimmter Namen beibehalten, z. B.: «Östreich» statt «Österreich». Unvollständig zitierte Sätze werden kenntlich gemacht, wenn die Auslassungen innerhalb der Zitatpassage vorkommen, nicht aber – mit Ausnahme der Zitate mit gebundener Rede – wenn sie an deren Anfang oder Ende stehen.
Folgende Ausgaben werden hier abkürzend zitiert:

SW = Sämtliche Werke. Historisch-kritische Gesamtausgabe in 3 Abteilungen mit insgesamt 42 Bänden. Hg. von August Sauer, fortgeführt von Reinhold Backmann. Wien 1909–1948.
Die römische Zahlenangabe bezieht sich auf die Abteilung (I: Werke; II: Frühwerke, Tagebücher; III: Briefe, Dokumente); die erste arabische Ziffer auf den Band der Abteilung.

GG = Grillparzers Gespräche und Charakteristiken seiner Persönlichkeit durch die Zeitgenossen. 6 Bände. Hg. von August Sauer. Wien 1904–1916 (Schriften des literarischen Vereins in Wien Bd. 1, 3, 6, 12, 15, 20).
Die römische Zahlenangabe bezieht sich hier auf die fortlaufende Numerierung der Grillparzer gewidmeten Bände der Schriften des literarischen Vereins, während die arabische Ziffer in Klammer die Nummer des Bandes innerhalb der ganzen Reihe dieses Vereins angibt.

1 Ferdinand Kürnberger: Grillparzers Lebensmaske. Gesammelte Werke. Hg. von Otto Erich Deutsch. Bd. 2 (Literarische Herzenssachen) München, Leipzig 1911. S. 273 f (Erstdruck: Berliner Börsen-Zeitung, Beilage, 23. 1. 1872)

2 Franz Kafka: Tagebücher 1910 bis 1923. Gesammelte Werke. Hg. von Max Brod. Bd. 7. Frankfurt a. M. 1976. S. 373

3 Vgl. hierzu Perry Anderson: Die Entstehung des absolutistischen Staates. Frankfurt a. M. 1979. S. 399 f; sowie Ernst Wangermann: Von Joseph II. zu den Jakobinerprozessen. Wien 1966

4 SW I; 16, S. 63

5 Georg Forster: Werke in vier Bänden. Hg. von Gerhard Steiner. Bd. 3. Frankfurt a. M. 1970. S. 482 f

6 Vgl. hierzu Wolfgang Häusler: Jakobiner ohne Volk – Österreichische Demokraten im Zeitalter der Französischen Revolution. In: Ernst Violand, Die soziale Geschichte der Revolution in Österreich 1848. Hg. von Wolfgang Häusler. Wien 1984. S. 7 f

7 SW I; 16, S. 71

8 SW I; 16, S. 64 f

9 SW I; 16, S. 70

10 Briefe des Dichters Johann Baptist von Alxinger. Hg. von Gustav Wil-

helm. In: Sitzungsberichte der kaiserlichen Akademie der Wissenschaften in Wien. Phil.-hist. Klasse CXL (1899). 2. Abhandlung, S. 70 f

11 Vgl. hierzu Werner Sauer: Von der «Kritik» zur «Positivität». Die Geisteswissenschaften in Österreich zwischen josephinischer Aufklärung und franziszeischer Restauration. In: Vormärz: Wendepunkt und Herausforderung. Hg. von Hanna Schnedl-Bubenicek. Wien, Salzburg 1983. S. 17 f

12 Rottenhan: Gutachten über den Gesichtspunkt und den Wirkungskreis der Studien-Revisions-Comission. In: Nachrichten von der beabsichtigten Verbesserung des öffentlichen Unterrichtswesens in den österreichischen Staaten mit authentischen Belegen. Hg. von C. U. D. Eggers. Tübingen 1808. S. 26 f

13 Ebd., S. 68

14 Zit. n. Sylvester Lechner: Gelehrte Kritik und Restauration. Metternichs Wissenschafts- und Pressepolitik und die Wiener «Jahrbücher der Literatur» (1818–1849). Tübingen 1977. S. 104

15 SW I; 16, S. 84 f

16 SW I; 16, S. 86

17 SW II; 7, S. 33 f

18 SW I; 16, S. 91

19 SW II; 2, S. 9

20 SW II; 2, S. 21

21 SW II; 2, S. 237

22 SW I; 16, S. 104

23 SW I; 16, S. 87

24 SW I; 16, S. 105

25 SW II; 7, S. 50 f

26 SW II; 7, S. 51

27 SW II; 7, S. 50

28 Georg Wilhelm Friedrich Hegel: Werke. Hg. von Eva Moldenhauer und Karl Markus Michel. Bd. 12. Frankfurt a. M. 1982. S. 529

29 SW I; 16, S. 100 f

30 Heinrich Heine: Werke und Briefe. Hg. von Hans Kaufmann.

Bd. 5. 3. Aufl. Weimar 1980. S. 33 f

31 SW II; 7, S. 53

32 SW II; 7, S. 53 f

33 SW II; 4, S. 12

34 SW II; 4, S. 15

35 SW II; 4, S. 35 f

36 SW II; 4, S. 37

37 SW I; 16, S. 105

38 SW II; 7, S. 54 f

39 SW I; 16, S. 105 f

40 SW I; 16, S. 107

41 Ebd.

42 SW I; 16, S. 107 f

43 SW I; 16, S. 113

44 SW I; 8/9, S. 175 f

45 SW I; 8/9, S. 177

46 Ebd.

47 SW I; 8/9, S. 180 f

48 SW III; 2, S. 153

49 SW I; 1, S. 135

50 SW I, 1, S. 27 f

51 Ludwig Börne: Die Ahnfrau. Trauerspiel von Grillparzer. In: Schriften zur Literatur. Hg. von Walter Dietze. 2. Aufl. Leipzig 1987. S. 75 (Erstdruck: Die Waage. Bd. I [1818] S. 79 f)

52 Ebd., S. 72 f

53 Johann Wolfgang von Goethe: Unterredung mit Napoleon. Goethes Werke. Sophien-Ausgabe. I. Abt. Bd. 36. Weimar 1893. S. 273

54 Walter Benjamin: Gesammelte Schriften Bd. III (Werkausgabe Bd. 9). Frankfurt a. M. 1980. S. 416

55 SW II; 7, S. 91

56 SW II; 7, S. 130

57 SW III; 1, S. 97

58 SW III; 1, S. 99 f

59 SW I; 1, S. 310

60 Ludwig Börne: Sappho. Trauerspiel von Grillparzer. In: Schriften zur Literatur, a. a. O., S. 152 (Erstdruck: Die Waage. Bd. I [1818] S. 374 f)

61 Ebd., S. 147

62 SW I; 2, S. XX

63 SW I; 2, S. 204 f

64 SW I; 2, S. 105

65 SW I; 2, S. 106

66 SW I; 2, S. 118
67 SW I; 2, S. 227
68 SW I; 2, S. 300 f
69 SW I; 2, S. 300
70 Hans Mayer: Das unglückliche Bewußtsein. Zur deutschen Literaturgeschichte von Lessing bis Heine. Frankfurt a. M. 1986. S. 263
71 Georg Lukács: Werke. Bd. 15. Hg. von Frank Benseler. Darmstadt, Neuwied 1981. S. 146
72 SW II; 8, S. 35 f
73 SW II; 8, S. 36
74 GG II (3), S. 22
75 GG II (3), S. 24
76 GG II (3), S. 31, 26
77 SW III; 1, S. 88
78 GG II (3), S. 27
79 GG II (3), S. 55
80 GG II (3), S. 33
81 GG II (3), S. 96
82 SW III; 1, S. 182
83 SW III; 1, S. 184
84 Heine, Werke und Briefe, a. a. O., Bd. 3, S. 247
85 SW III; Bd. 1, S. 183
86 SW I; 1, S. 35
87 GG II (3), S. 134
88 SW I; 2, S. 300 f
89 Joseph Sonnleithner, Georg Friedrich Treitschke: Fidelio. Oper in zwei Aufzügen (Fassung von 1814). Musik von Ludwig van Beethoven. Textbuch. In: Ludwig van Beethoven: Fidelio. Texte, Materialien, Kommentare. Hg. von Attila Csampai und Dietmar Holland. Reinbek 1981. S. 54
90 GG II (3), S. 185
91 Ebd.
92 GG II (3), S. 287
93 SW II; 8, S. 181 f
94 SW II; 8, S. 180 f
95 SW I; 3, S. 31
96 GG II (3), S. 284 f
97 GG II (3), S. 286
98 SW I; 14, S. 39
99 SW III; 1, S. 255 f
100 SW III; 5, S. 250
101 SW III; 5, S. 254
102 GG II (3), S. 322
103 SW II; 8, S. 221
104 SW II; 8, S. 237
105 SW I; 16, S. 188
106 SW II; 8, S. 235 f, 240
107 SW III; 1, S. 346 f
108 SW I; 16, S. 199
109 GG II (3), S. 312
110 SW I; 4, S. 102, 96
111 SW I; 4, S. 144 f
112 Hugo von Hofmannsthal: Gesammelte Werke in 10 Einzelbänden. Hg. von Bernd Schoeller. Reden und Aufsätze Bd. 2. Frankfurt a. M. 1979. S. 94, 409
113 SW I; 4, S. 98
114 SW I; 4, S. 211
115 Vgl. hierzu SW II; 10, S. 141
116 Heine, Werke und Briefe, a. a. O., Bd. 8, S. 428
117 SW II; 10, S. 226
118 Rosa Luxemburg: Gesammelte Briefe. Bd. 5. Berlin (DDR) 1984. S. 184 f
119 SW II; 9, S. 67
120 SW II; 9, S. 86 f
121 SW II; 9, S. 126 f
122 Goethes Werke. Sophien-Ausgabe. IV. Abt. Bd. 6. Weimar 1890. S. 96
123 SW II; 10, S. 147
124 SW II; 10, S. 317
125 SW II; 9, S. 3 f
126 SW II; 11, S. 11
127 SW II; 11, S. 90
128 Heine, Werke und Briefe, a. a. O., Bd. 6, S. 248
129 SW II; 9, S. 143
130 SW II; 9, S. 354 f
131 Claudio Magris: Der habsburgische Mythos in der österreichischen Literatur. Salzburg 1966
132 Eva Priester: Kurze Geschichte Österreichs. Bd. 1. Wien 1946. S. 40
133 SW I; 3, S. 93
134 SW I; 3, S. 108
135 Claudio Magris: Donau. Biographie eines Flusses. München, Wien 1988. S. 92
136 Franz Mehring: Gesammelte Schriften. Bd. 11. 3. Aufl. Berlin (DDR) 1980. S. 497

137 GG II (3), S. 207
138 GG II (3), S. 341
139 SW I; 3, S. 269
140 SW I; 16, S. 204
141 Ernst Fischer: Von Grillparzer zu Kafka. Sechs Essays. Wien 1962. S. 36
142 SW I; 16, S. 206
143 SW II; 10, S. 143
144 SW II; 8, S. 286
145 SW I; 13, S. 37f
146 SW I; 5, S. 8f, 16
147 SW I; 5, S. 135f
148 Mehring, Gesammelte Schriften Bd. 11, a. a. O., S. 500
149 Ebd.
150 Ebd.
151 Franz Grillparzer: Werke in sechs Bänden. Hg. von Helmut Bachmaier. Bd. 3. Frankfurt a. M. 1987. S. 672
152 Immanuel Kant: Die Metaphysik der Sitten. Werke in zwölf Bänden. Hg. von Wilhelm Weischedel. Bd. 8. Frankfurt a. M. 1968. S. 562f
153 SW I; 5, S. 160
154 Ebd.
155 SW I; 5, S. 162f
156 SW I; 5, S. 172
157 SW I; 5, S. 173
158 SW I; 5, S. 180
159 SW I; 5, S. 187
160 SW I; 5, S. 197
161 SW I; 5, S. 188
162 SW I; 5, S. 221
163 SW I; 5, S. 269
164 SW I; 5, S. 266
165 Marx-Engels-Werke (MEW). Ergänzungsband 2. Berlin (DDR) 1982. S. 441
166 GG III (6), S. 58f
167 SW I; 10, S. 200f
168 GG III (6), S. 280
169 SW I; 6, S. 73f
170 SW I; 6, S. 45
171 SW I; 6, S. 50
172 Lukács, Werke, Bd. 15, a. a. O., S. 153
173 SW I; 6, S. 79
174 SW I; 6, S. 152f
175 SW I; 7, S. 52

176 SW I; 7, S. 104
177 SW I; 3, S. 108
178 SW I; 6, S. 307
179 SW I; 6, S. 191
180 SW I; 6, S. 268
181 SW I; 6, S. 306
182 SW I; 6, S. 303
183 SW I; 6, S. 246
184 Ludwig van Beethoven: Briefe. Eine Auswahl. Hg. von Hansjürgen Schaefer. Berlin (DDR) 1984. S. 20
185 Marx-Engels-Werke (MEW). Bd. 4. Berlin (DDR) 1980. S. 504f
186 Vgl. hierzu Wolfgang Häusler: Die Voraussetzungen. In: Herbert Steiner, Karl Marx in Wien. Die Arbeiterbewegung zwischen Revolution und Restauration 1848. Wien, München, Zürich 1978. S. 7f
187 SW I; 16, S. 53f
188 SW I; 16, S. 54
189 SW I; 16, S. 38
190 Ernst Fischer: Österreich 1848. Probleme der demokratischen Revolution in Österreich. Wien 1946. S. 133
191 SW I; 13, S. 53
192 SW I; 13, S. 59
193 SW I; 13, S. 70f, 75
194 SW I; 13, S. 79
195 GG IV (12), S. 31
196 Vgl. hierzu Eva Priester: Kurze Geschichte Österreichs. Bd. 2. Wien 1949. S. 365f
197 Marx-Engels-Werke (MEW). Bd. 5. Berlin (DDR) 1982. S. 80f
198 SW I; 10, S. 230
199 SW I; 16, S. 55
200 GG IV (12), S. 32
201 SW III; 3, S. 62
202 SW III; 3, S. 152
203 GG IV (12), S. 141
204 GG IV (12), S. 213
205 GG IV (12), S. 115
206 GG V (15), S. 27
207 GG V (15), S. 39
208 SW III; 3, S. 35
209 SW III; 3, S. 20
210 SW III; 3, S. 86
211 SW III; 3, S. 19

212 GG IV (12), S. 86
213 SW III; 3, S. 71
214 SW II; 11, S. 197f
215 Friedrich Hebbel: Das Komma im Frack (1858). Sämtliche Werke in zwölf Bänden Hg. von Hermann Krumm. Bd. 10. Leipzig o. J. S. 79
216 GG IV (12), S. 38
217 GG IV (12), S. 17
218 GG IV (12), S. 110f, 215f
219 GG VI (20), S. 270
220 SW II; 11, S. 197
221 Ebd.
222 SW II; 11, S. 229
223 SW II; 11, S. 43
224 Johann Nestroy: Briefe. Hg. von Walter Obermaier. Wien, München 1977. S. 217
225 SW III; 5, S. 120
226 GG IV (12), S. 163
227 Vgl. hierzu Hofmannsthal, Gesammelte Werke, Reden und Aufsätze Bd. 2, a. a. O., S. 87f
228 GG IV (12), S. 298
229 SW II; 11, S. 216
230 Gottfried Kellers Leben, Briefe und Tagebücher. Bd. 3. Hg. von Emil Ermatinger. 4. Aufl. Stuttgart, Berlin 1919. S. 52f
231 Ebd., S. 69f
232 GG V (15), S. 274

Zeittafel

1791	Franz Grillparzer wird am 15. Januar in Wien als erster von vier Söhnen des Advokaten Wenzel Grillparzer und seiner Frau Anna Franziska (geb. Sonnleithner) geboren
1801	Eintritt in das St. Anna-Gymnasium
1804	Beginn des Studiums, eines dreijährigen Propädeutikums, an der Philosophischen Fakultät der Wiener Universität
1806	Erste literarische Versuche
1807	Grillparzer beginnt das Studium der Staats- und Rechtswissenschaften
1808	Teilnahme an der von Georg Altmütter geleiteten «Gesellschaft zur gegenseitigen Bildung»
1809	Grillparzer ist Mitglied eines Studentencorps bei der Verteidigung Wiens gegen Napoleon. Tod des Vaters (10. November). *Blanka von Kastilien* und das einaktige Lustspiel *Die Schreibfeder* werden von Grillparzer fertiggestellt
1810	Grillparzer reicht *Blanka von Kastilien* beim Hofburgtheater ein, wo als Dramaturg und Sekretär Grillparzers Onkel Josef Sonnleithner wirkt. Das Manuskript wird abgewiesen
1811	Erfolgreicher Abschluß des Studiums. Niederschrift des Ehelustspiels *Wer ist schuldig?* und Arbeit an dem Entwurf eines Spartakus-Dramas
1812	Hauslehrerstelle beim Grafen Seilern (Aspang)
1813	Eintritt in den Staatsdienst – zunächst als unbesoldeter Praktikant bei der Hofbibliothek
1815	Endgültige Anstellung bei der Hofkammer, dem späteren Finanzministerium
1816	In der «Wiener-Moden-Zeitung» erscheint Grillparzers überarbeitete Übersetzung von Calderóns «Das Leben ein Traum». Dies wird Anlaß zur Begegnung mit dem neuen Leiter des Hofburgtheaters Joseph Schreyvogel, der Grillparzer zur Arbeit am Schicksalsdrama *Die Ahnfrau* anregt
1817	Uraufführung der *Ahnfrau* am 31. Januar im Theater an der Wien, Erstdruck des Dramas bei Johann Baptist Wallishauser in Wien, bei dem in der Folge alle im Vormärz aufgeführten Stücke Grillparzers erscheinen. Niederschrift der *Sappho* und des ersten Akts von *Der Traum ein Leben*. Selbstmord des jüngsten Bruders Adolf (14. November)
1818	Uraufführung der *Sappho* am 21. April im Hofburgtheater (Erstausgabe ein Jahr später). Grillparzer wird zum Dichter des Hofburgtheaters ernannt und erhält – bis 1823 – 1000 Gulden Jahresgehalt. Erste Arbeit am *Goldenen Vlies*

1819	Selbstmord der Mutter (23. Januar). Beginn der Freundschaft mit Charlotte von Paumgartten. Von März bis Juli Reise nach Italien (Venedig, Florenz, Rom, Neapel). Weiterarbeit am *Goldenen Vlies*. Wegen des aus Italien mitgebrachten Gedichts *Campo vaccino* gerät Grillparzer in Konflikt mit den Zensurbehörden
1820	Abschluß der Trilogie *Das goldene Vlies*. Das Szenar zu *Des Meeres und der Liebe Wellen* und erste Skizzen zu *Weh dem, der lügt!* entstehen
1821	Bekanntschaft und Verlobung mit Katharina Fröhlich. Uraufführung des *Goldenen Vlieses* am 26. und 27. März im Hofburgtheater (Erstausgabe im folgenden Jahr)
1822	Entwürfe zu *Weh dem, der lügt!* und erste Notizen zu *Libussa*. Im Tagebuch notiert sich Grillparzer über 45 Dramenpläne, darunter *Hannibal, Die letzten Könige von Juda, Drahomira*
1823	Bekanntschaft mit der fünfzehnjährigen Marie von Smolenitz. Niederschrift von *König Ottokars Glück und Ende*. Grillparzer tritt mit Beethoven in nähere Beziehung und schreibt für ihn das Opernlibretto *Melusina*
1824	Tod des Finanzministers Graf Stadion, Grillparzers Förderer. Arbeit an den Stoffen zu *Ein Bruderzwist in Habsburg, Die Jüdin von Toledo* und *Libussa*. Studien zu Lope de Vega
1825	Uraufführung von *König Ottokars Glück und Ende* am 19. Februar im Hofburgtheater und Erstausgabe. Aus Anlaß der Krönung Kaiserin Karoline Augustes zur Königin von Ungarn erhält Grillparzer den Auftrag, ein Festspiel zu schreiben: Beschäftigung mit dem Stoff zu *Ein treuer Diener seines Herrn*. Arbeit an *Des Meeres und der Liebe Wellen* und an *Libussa*
1826	Enge Beziehung zu Marie von Smolenitz. Arbeit an *Des Meeres und der Liebe Wellen*. Polizeiaktion gegen die «Ludlamshöhle» im April. Von August bis Oktober Deutschland-Reise (Dresden, Berlin, Weimar), Begegnungen mit Tieck, Mendelssohn Bartholdy, Rahel Varnhagen, Hegel – und Goethe. Niederschrift von *Ein treuer Diener seines Herrn*
1827	Tod Ludwig van Beethovens (16. März). Grillparzer verfaßt den Nekrolog. Tod Charlotte von Paumgarttens (16. September). Niederschrift der Erzählung *Das Kloster von Sendomir*, die in dem von Schreyvogel herausgegebenen Taschenbuch «Aglaja» für das Jahr 1828 publiziert wird
1828	Uraufführung von *Ein treuer Diener seines Herrn* am 28. Februar im Hofburgtheater (Erstausgabe 1830). Kaiser Franz I. will das Drama käuflich erwerben, ein Akt ‹vornehmer› Zensur. Arbeit an *Ein Bruderzwist in Habsburg*
1829	Erster Abschluß von *Des Meeres und der Liebe Wellen*. Erste Notizen zu *Esther*
1831	Abschluß des «dramatischen Märchens» *Der Traum ein Leben*. Uraufführung von *Des Meeres und der Liebe Wellen* am 5. April im Hofburgtheater, kein Erfolg. Beginn der ersten Niederschrift der Erzählung *Der arme Spielmann*
1832	Grillparzer wird zum Direktor des Hofkammerarchivs ernannt. Tod Joseph Schreyvogels (28. Juli).

	Beginn einer intensiven Beschäftigung mit der älteren deutschen, romanischen und der antiken Literatur. ‹Spanische Studien› über Cervantes, Lope de Vega und Calderón
1833	Publikation der *Melusina* – die am 27. Februar (in der Vertonung von Konradin Kreutzer) am Königsstädter Theater in Berlin uraufgeführt wird
1834	Uraufführung von *Der Traum ein Leben* am 4. Oktober im Hofburgtheater, großer Erfolg (Erstausgabe 1840).
	Bekanntschaft mit Heloise Hoechner. Grillparzer bewirbt sich vergeblich um die Leitung der Universitätsbibliothek
1834–1835	Arbeit an *Weh dem, der lügt!*
1836	Von Ende März bis Juni Reise nach Frankreich, England, Belgien und in das Rheinland. Besuch bei Börne und Heine in Paris
1837	*Weh dem, der lügt!* beendet
1838	Großer Mißerfolg der Uraufführung von *Weh dem, der lügt!* am 6. März im Hofburgtheater (Erstausgabe 1840). Grillparzer zieht sich vom Theater zurück
1840	Der erste Akt der *Libussa* wird am 29. November als Wohltätigkeitsveranstaltung aufgeführt, sein Vorabdruck erfolgt ein Jahr später im «Album der Wohltätigkeit durch Beiträge der vorzüglichsten Dichter und Künstler»
1843	Von Ende August bis Oktober Reise nach Konstantinopel und Griechenland
1844	Grillparzer bewirbt sich vergeblich um die Stelle des Ersten Kustos der Hofbibliothek. Friedrich Halm (d. i. Eligius von Münch-Bellinghausen) erhält sie schließlich.
	Abschluß des *Armen Spielmanns*
1845	Grillparzer unterschreibt mit 98 anderen Gelehrten und Schriftstellern die an den Staats- und Konferenzminister Graf Kolowrat gerichtete «Denkschrift über die gegenwärtigen Zustände der Zensur in Österreich»
1847	Im September Reise nach Hamburg. Grillparzer wird Mitglied der Kaiserlichen Akademie der Wissenschaften in Wien.
	Der arme Spielmann erscheint in dem Almanach «Iris» für das Jahr 1848
1848	*Ein Bruderzwist in Habsburg* und *Libussa* beendet.
	Am 11. März wird die von Grillparzer mitunterzeichnete Petition für Pressfreiheit und Konstitution im niederösterreichischen Landhaus überreicht.
	Grillparzers Gedicht *Feldmarschall Radetzky* erscheint am 8. Juni in der «Constitutionellen Donauzeitung»
1849	Heinrich Laube wird Leiter des Wiener Hofburgtheaters: in den folgenden Jahren werden viele der bereits im Vormärz aufgeführten Stücke Grillparzers wieder gespielt
1850	Eine Szene aus dem dramatischen Fragment *Hannibal* erscheint im «Album österreichischer Dichter» (Wien)
1851	Abschluß der *Jüdin von Toledo*
1853–1854	Grillparzer verfaßt im Auftrag der Akademie der Wissenschaften seine *Selbstbiographie*
1856	Pensionierung auf eigenen Wunsch Grillparzers. Nach dreiundvierzigjährigem Dienst erhält er gleichzeitig den Titel eines k. k. Hofrats

1859	Ehrendoktorwürde der Universitäten Wien und Leipzig anläßlich der Schiller-Säkularfeiern
1861	Von Kaiser Franz Joseph auf Lebenszeit in den Reichsrat berufen. Grillparzer nimmt zögernd an
1863	Das *Esther*-Fragment erscheint im «Dichteralbum aus Österreich»
1864	Ehrenbürgerrechte der Stadt Wien. Ehrenmitglied des Deutschen Hochstifts in Frankfurt am Main
1868	Das *Esther*-Fragment wird (am 29. März) zugunsten bedürftiger Schüler der Wiener Handelsakademie uraufgeführt
1869	Uraufführung des *Hannibal*-Fragments am 21. Februar
1871	Zu seinem 80. Geburtstag wird Grillparzer von der gesamten literarischen Welt gefeiert
1872	Grillparzer stirbt am 21. Januar einundachtzigjährig in Wien. Katharina Fröhlich betreut den Nachlaß. Uraufführungen von *Ein Bruderzwist in Habsburg* (am 24. September im Stadttheater Wien) und *Die Jüdin von Toledo* (am 21. November in Prag). Heinrich Laube und Josef von Weilen geben Grillparzers «Sämtliche Werke in zehn Bänden» bei Cotta in Stuttgart heraus
1874	Uraufführung von *Libussa* am 21. Januar im Hofburgtheater
1890–1891	Gründung der Grillparzer-Gesellschaft und Erscheinen des Grillparzer-Jahrbuchs
1903	Briefe und Tagebücher aus dem Nachlaß veröffentlicht
1909	Beginn der Historisch-kritischen Gesamtausgabe (im Auftrag der Stadt Wien) von August Sauer, später fortgeführt und 1948 beendet von Reinhold Backmann, in 42 Bänden

Zeugnisse

Friedrich Hebbel
Ich besuchte Grillparzer. Er gefiel mir, denn er war gegen mich aufrichtig, fast aufrichtiger, als es seine Verhältnisse gestatten... Es ist ein Mann, der tief leidet, und der einen Teil seines Leidens der beklommenen Atmosphäre, in der er atmet, zuschreiben darf, der aber aus dieser Atmosphäre selbst wieder seinen Trost ziehen mag, indem er, wie es so mancher tut, innere Unzulänglichkeit auf äußere Umstände schieben und sich einbilden kann, daß sein Hollunderstrauch in besserem Boden eine Palme geworden wäre. *Briefe an Elise Lensing, 1845*

Adalbert Stifter
(Über die Erzählung *Der arme Spielmann*:) Wenn sich jemand in diese sittliche Ursprünglichkeit und Einfalt nicht mehr finden kann, weil ihm das Verkehren mit dem bloß Stofflichen, mit den Mitteln die ursprünglichen Zwecke verrückt hat, oder wenn jemandem diese Begabung überhaupt versagt ist, so wird ihm Grillparzers Dichtung nicht gefallen, ja sie muß ihm mißfallen, weil so manche Kräfte des Helden, gegenüber seiner Innerlichkeit, in Unentwicklung oder seltsamem Zerwürfnis sind, was aber gerade für den Empfindenden den Reiz so unaussprechlich hold macht.
Beilage zur «Augsburger Allgemeinen Zeitung» vom 6. September 1847

Hugo von Hofmannsthal
An das volkstümliche Theater lehnte sein hohes Theater sich an, ja es war mit jenem aus genau einer Wurzel gewachsen; auch die Oper ist immer nahe, die rührenden und geistreich ersonnenen Situationen von Metastasios Libretti, die wunderbar klingende Zauberei der «Zauberflöte»; fließend ist die Grenze zwischen seinem Geschaffenem und all diesem. Nur die lustige Person, die so nahelag, bleibt verbannt aus seinen Stücken, darin ist er bei allem Reichtum der Phantasie zu sehr ein Sohn des achtzehnten Jahrhunderts mit seinem verstandesmäßig gereinigten Geschmack... Die schönsten Bezüge aber tun sich auf zwischen Mann und Weib, und so vielfältig, dabei aber doch gehalten und nie ans Äußerste, aller Maßen Entratende gehend, wohin Kleist so schnell gelangt.
Rede auf Grillparzer, 1922

Thomas Mann

...romantischen Zwiespalt und Gegensatz empfand ich in Grillparzers Dichtung von jeher, einen solchen der Form und des Geistes. Jene mag man klassizistisch, ja bei kritisch negativer Gesinnung epigonenhaft nennen; dieser ist dem Gefühl so menschlich nahe, so zart-modern-lebendig, so durchdringend persönlich, daß das bei allem Zauber des Verses leicht museale Kleid des Jambendramas beinahe wie Ironie wirkt – auf mich, ich kann es nicht anders sagen. *Huldigung für Grillparzer, 1922*

Karl Kraus

Die unabänderlich falsche Maßverteilung, mit der sich das Urteil der Welt und Nachwelt, jenes vom Journalismus, dieses von der Literaturgeschichte beirrt, an den geistigen Werten vergreift, zeigt sich an kaum einem Beispiel so sinnfällig wie an dem des Klassikers Grillparzer, der vornehmlich aus dem Bedürfnis Österreichs nach einem Klassiker entstanden... Keines der Grillparzerdramen, so außerordentlich sie zur Unterlage einer hohen Schauspielkunst taugen mochten... wäre imstande, einer lesenden Nachwelt die Überzeugung beizubringen, daß der Versuch, den Himmel Griechenlands über den Wienerwald zu wölben, geglückt sei. Sein Epigramm ist Einfall ohne Durchbruch; seine Lyrik kommt, da Gedanken von mäßigem Eigenwuchs in einer überkommenen, wenngleich gut gehaltenen Sprache die äußere Gewandung finden, überhaupt nicht in Betracht. Überall die mittlere Kultur eines vorhandenen, unerschaffenen Ausdrucks und dennoch, vielleicht eben darum, der österreichische Klassiker... Eine Literaturkritik, die die Kraft nach dem Stoff und das Wesen nach der Form wertet, wird füglich Raimund, der der echtere Dichter war, um der volkstümlichen Färbung willen hinter den Bildungsdichter stellen und ahnt vollends nicht, daß Nestroy, an dessen Gebiet außen weder des Meeres noch der Liebe Wellen anschlagen, in jeder Zeile mehr Lyriker, Dramatiker und Epigrammatiker war als der ganze Grillparzer. *«Die Fackel» Nr. 588–594, 1922*

Friedrich Gundolf

Entspräche seinem Reichtum eine ebenbürtige Stärke, so könnte kein anderer deutscher Dramatiker sich ihm vergleichen: er wäre ein Talent von der Art Calderons. So aber fehlt ihm die prägende Banngewalt. Mit Theatermitteln wirkt er elegisch und lauschig. Der Gesamteindruck seines Werks, Reichtum ohne Stärke, zeigt die Grundspannung seines Wesens, ja den Ursprung seiner Dichtung und erklärt sein Schicksal... Zum Ringen mit der Widerwelt taugte er nicht, doch zu ihrem Erleiden... Doch wenige haben wie er die sinnliche Leidenschaft erkannt, die das Wunschbild brennend deutlich vor sich sieht, und lahmt es zu fassen... die Leidenschaft des reinen Gemüts, dem Widriges und Schönes übernah rückt – die Dulderschaften von der jugendlichen Verliebtheit bis zur grei-

ZEICHEN DER ZEIT

1791

Franz Grillparzer wird geboren,
er wird der größte Dramatiker...

...Österreichs im 19. Jahrhundert werden. Der größte Komponist Österreichs, Wolfgang Amadé Mozart, findet im selben Jahr seine letzte Ruhe in einem Armengrab.

In den USA wird Washington als Hauptstadt gegründet. Mehr Beachtung findet allerdings bei uns der «Quäkerhut», der als Zylinder aus den Staaten nach Europa kommt.

Nicolas Leblancs Sodafabrikation wird als Beginn der chemischen Großindustrie angesehen. Den Pfandbrief gibt es seit 22 Jahren.

Pfandbrief und Kommunalobligation

Meistgekaufte deutsche Wertpapiere - hoher Zinsertrag - bei allen Banken und Sparkassen

Verbriefte  Sicherheit

senhaften Hypochondrie... Über seine Einzelleistungen hinaus ist er eine eindrucksvolle, wenn auch nicht erhebende oder befeuernde Gestalt: der alte Dichter mit dem geheimen Besserwissen und dem vergrämten Herzen, mit seinem Volk fühlend und nicht von ihm begriffen, auch er wie Kleist, wie Hebbel, wie Hölderlin ein Opfer der deutschen Einsamkeit, auf eine eigens österreichische Art.

«Franz Grillparzer». In: «Jahrbuch des Freien Deutschen Hochstifts», 1931

Joseph Roth

So klar sah keiner seiner beruflich mit dem politischen Klarsehen beschäftigten Zeitgenossen das Kommende wie er, der das Wort schrieb: «Von der Humanität durch Nationalität zur Bestialität»: kein Aperçu, sondern ein Angstschrei, angesichts des nahenden Zerfalls der Monarchie, des Endsiegs der erwachenden Barbarei... Er ist, man gestatte den Ausdruck, ein reaktionärer Individualanarchist, also ein «Reaktionär» par excellence... der einzige konservative Revolutionär, den die Geschichte Österreichs kennt... und man weiß heute noch weniger als damals, wie weitgespannt der Bogen seines Lebens war, nämlich vom Alcazar bis zu Königgrätz; nicht mehr und nicht weniger als von der Grandezza und dem Zeremoniell bis zur Vulgarität und zu Preußen; von Habsburg bis zu Hohenzollern. *«Das Neue Tagebuch», Paris 1937*

Ernst Fischer

Grillparzer hat die Unvermeidlichkeit, die historische Notwendigkeit des Erwachens der Nationen im Zeitalter des Kapitalismus nicht verstanden, aber ahnungsvoll hat er die künftige Entartung des Nationalismus, hat er den bestialischen Chauvinismus vorausgesehn. Er wollte auch in dieser Frage stehenbleiben, wo Schiller, aber vor allem, wo Goethe stand, und weigerte sich ingrimmig und hoffnungslos, den Kapitalismus mit all seinen Wesenszügen anzuerkennen... Er kämpfte für eine Einheit des Menschen und der Gesellschaft, die nirgends existierte als in den Werken der humanistischen Literatur. Er wurde dadurch zu einem «Konservativen» besonderen Schlags, der unter den besonderen österreichischen Bedingungen auf einmal in der Front der Reaktion stand, die er in Wahrheit verabscheute. *«Von Grillparzer zu Kafka», 1962*

Claudio Magris

Die Bemerkungen Grillparzers über Napoleon sind ein beispielhafter Ausdruck für diesen österreichischen, zugleich prä- und postmodernen Geist, für den die Moderne den symbolischen, von der Donau repräsentierten Damm der Tradition zerstört. Scharfsichtig und mit trotziger Einseitigkeit erkennt Grillparzer in Napoleon, der 1809 siegreich in Wien einmarschiert, die Vorherrschaft einer entfesselten Phantasie, einer subjektivistischen Hybris gegenüber der Realität, wie er sie auch an sich selbst wahrnimmt, als Gefahr für sein moralisches Gleichgewicht wie auch für sein dichterisches Werk. Epigone und gleichzeitig Vorläufer, ist Grillparzer, der Klassiker des österreichischen Theaters des 19. Jahrhunderts, der erste Mann ohne Eigenschaften – und ebenso Schöpfer von Menschen ohne Eigenschaften – in der habsburgischen Literatur.

«Danubio», 1986

Robert Musil
Las Grillparzers *Selbstbiographie*... Meisterhafte Schilderung einer alten Wohnung... Das ist vornehmer Chronistenstil; so sollte mein Roman geschrieben sein! *«Tagebücher», 1905*

Bibliographie

1. Forschungsberichte, Kommentare, Bibliographien (seit 1960)

SEIDLER, HERBERT: Franz Grillparzer. Ein Forschungsbericht. 1954–1963. In: Zeitschrift für deutsche Philologie Bd. 83 (1964), S. 228–242, 472–504

MÜLLER, JOACHIM: Franz Grillparzer. Stuttgart 1963. 2. Aufl. 1966 (Realienbücher für Germanisten; Abt. D: Literaturgeschichte)

WEISS, WALTER: Die Entwicklung des Grillparzer-Bildes von A. Sauer bis zur Gegenwart. In: Neue Beiträge zum Grillparzer- und Stifter-Bild. Graz–Wien 1965. S. 46–69

SEIDLER, HERBERT: Franz Grillparzer. Ein Forschungsbericht. 1964–1968. In: Zeitschrift für deutsche Philologie Bd. 88 (1969), S. 299–316

VIVIANI, ANNALISA: Grillparzer Kommentar. München 1972

Das Grillparzer-Bild des 20. Jahrhunderts. Hg. von HEINZ KINDERMANN. Wien, Köln, Graz 1972

STRELKA, JOSEPH: Die amerikanische Grillparzer-Literatur. 1970–1975. Ein Forschungsbericht. In: Jahrbuch der Grillparzer-Gesellschaft. 3. F. 13 (1978), S. 101–112

SEIDLER, HERBERT: Grillparzerforschung der 70er Jahre. In: Jahrbuch der Grillparzer-Gesellschaft 3. F. 14 (1980), S. 9–32

PICHL, ROBERT: Tendenzen der neueren Grillparzerforschung. In: Grillparzer und die europäische Tradition. Londoner Symposium 1986. Hg. von ROBERT PICHL u. a. Wien 1987 (Sonderpublikation der Grillparzer-Gesellschaft). S. 145–158

2. Werkausgaben (Auswahl)

Sämtliche Werke in 10 Bänden. Hg. von HEINRICH LAUBE und JOSEF WEILEN. Stuttgart (Cotta) 1872

Sämtliche Werke. Fünfte Ausgabe in 20 Bänden. Hg. von AUGUST SAUER. Stuttgart (Cotta) 1892

Sämtliche Werke. Historisch-kritische Gesamtausgabe. 3 Abteilungen mit insgesamt 42 Bänden. Hg. von AUGUST SAUER, fortgeführt von REINHOLD BACKMANN. Wien (Gerlach u. Wiedling; seit 1916: Schroll u. Co.) 1909–1948 (1. Abt.: Werke; 2. Abt.: Frühwerke, Tagebücher; 3. Abt.: Briefe)

Sämtliche Werke. Ausgewählte Briefe, Gespräche, Berichte. Hg. von PETER FRANK und KARL PÖRNBACHER. 4 Bände. München (Hanser) 1960–1965

Werke. 3 Bände. Nach dem Text der historisch-kritischen Gesamtausgabe. Mit einem Nachwort von JOHANNES KLEINSTÜCK und Anmerkungen von ANNALISA VIVIANI. München (Winkler) 1971

Werke in drei Bänden. Ausgewählt und eingeleitet von CLAUS TRÄGER. 2. Aufl. Berlin, Weimar (Aufbau-Verlag) 1980 (Bibliothek deutscher Klassiker)
Werke in sechs Bänden. Hg. von HELMUT BACHMAIER. Frankfurt a. M. (Deutscher Klassiker Verlag) 1986f (Bibliothek deutscher Klassiker)

3. Lebenszeugnisse, Gespräche

Grillparzers Ansichten über Literatur, Bühne und Leben. Aus Unterredungen mit ADOLF FOGLAR. Stuttgart 1891
Grillparzers Gespräche und Charakteristiken seiner Persönlichkeit durch die Zeitgenossen. 6 Bände. Hg. von AUGUST SAUER. Wien 1904–1916 (Schriften des literarischen Vereins in Wien Bd. 1, 3, 6, 12, 15, 20)
LITTROW-BISCHOFF, AUGUSTE VON: Aus dem persönlichen Verkehre mit Franz Grillparzer. Wien 1873
Franz Grillparzer. Hg. von KARL PÖRNBACHER. München 1970 (Dichter über ihre Dichtungen)

4. Sekundärliteratur

Die folgende Auswahl konzentriert sich vor allem auf neuere Literatur zu Grillparzer; von der äußerst umfangreichen älteren wird (mit Ausnahme unumgänglicher Standardwerke) nur jene angegeben, die auch dem heutigen Leser noch Zugänge zu ihrem Gegenstand verschaffen kann. Im übrigen teilt der unklassische Grillparzer das Schicksal der Klassiker: er wurde unter einer dicken Staubschicht von Sekundärliteratur – vor allem konservativ-österreichischer Provenienz – begraben.

ADEL, KURT: Gibt es ein endgültiges Grillparzer-Bild? In: Jahrbuch der Grillparzer-Gesellschaft 3. F., 13 (1978), S. 11–38
ALEWYN, RICHARD: Grillparzer und die Restauration. In: Publications of the English Goethe-Society. New Series 12 (1937), S. 1–18
ALLEN, RICHARD: The fine Art of Concealment in Grillparzer's «Das Kloster von Sendomir». In: Michigan German Studies 1 (1975), S. 181–188
ANGRESS, RUTH K.: Das Gespenst in Grillparzers «Ahnfrau». In: The German Quarterly 45 (1972), S. 606–619
«Weh dem, der lügt»: Grillparzer and the Avoidance of Tragedy. In: Modern Language Review 66 (1971), S. 335–364
AUERNHEIMER, RAOUL: Franz Grillparzer, der Dichter Österreichs. Wien 1948
BACHMAIER, HELMUT: Franz Grillparzer. Salzburg 1980 (Die großen Klassiker 24)
BAKER, CHRISTA SUTTNER: Unifying Imagery in Grillparzer's «Das goldene Vlies». In: Modern Language Notes 89 (1974), S. 392–403
BARTHOFER, ALFRED: Und kein Wachen als im Schlafe. Anmerkungen zu F. Grillparzers Märchendrama «Der Traum ein Leben». In: Jahrbuch der Grillparzer-Gesellschaft 16 (1984/86), S. 69–83
BAUER, ROGER: La Réalité, Royaume de Dieu. Études sur l'originalité du théâtre viennois dans la première moitié du XIXe siècle. München 1965. S. 393–475
Das stoisch-josephinische Tugendideal in der österreichischen dramatischen Literatur der Grillparzerzeit. In: Grillparzer-Forum.Wien 1967. S. 43–53
«Die Ahnfrau» et la querelle de la tragédie fataliste. In: Études Germaniques 27 (1972), S. 165–192

Grillparzers «Ahnfrau». Ihre Kritiker und ihr Publikum. In: Grillparzer-Forum Forchtenstein. Eisenstadt 1974. S. 141–163

BAUMANN, GERHART: Franz Grillparzer. Dichtung und österreichische Geistesverfassung. Frankfurt a. M. 1966

Zu Franz Grillparzer. Heidelberg 1969

BAYR, RUDOLF: Franz Grillparzers Österreich. Klassiker oder klassischer Österreicher. In: Österreichische Porträts. Hg. von JOCHEN JUNG. Bd. 1. Salzburg, Wien 1985. S. 137–149

BEINKE, LOTHAR: Unterschiede in den Auffassungen von Grillparzer und Hebbel. Untersuchungen an «Die Jüdin von Toledo» und «Agnes Bernauer». In: Jahrbuch der Grillparzer-Gesellschaft 3. F., 9 (1972), S. 171–186

BIRBAUMER, ULF: «Weh dem, der lügt». Von Hanswurst zu Leon. In: Grillparzer-Forum Forchtenstein. Wien 1972. S. 45–63

BIRRELL, GORDON: Time, timelessness, and music in Grillparzers «Spielmann». In: The German Quarterly 57 (1984), S. 558–575

BITTRICH, BURKHARD: «Des Menschen ew'ges Los, es heißt: Entbehren». Zu Grillparzers «Entsagung». In: Gedichte und Interpretationen. Bd. 4. Hg. von GÜNTER HÄNTZSCHEL. Stuttgart 1983. S. 108–119

BLACKALL, ERIC A.: Grillparzer: «Die Jüdin von Toledo». In: Deutsche Dramen von Gryphius bis Brecht. Hg. von JOST SCHILLEMEIT. Frankfurt a. M. 1965. S. 240–252

Grillparzer und Goethe. In: Jahrbuch des Wiener Goethe-Vereins 86/88 (1982/1984), S. 261–273

BONDAVALLI, LEILA: Grillparzer. O della legittimazione dell' uomo. Montecchei 1981

BORCHMAYER, DIETER: Franz Grillparzer: «Die Jüdin von Toledo». In: Deutsche Dramen. Hg. von HARRO MÜLLER-MICHAELS. Bd. 1. Königstein/Ts. 1981. S. 200–238

BÖRNE, LUDWIG: «Die Ahnfrau». Trauerspiel von Grillparzer. In: Schriften zur deutschen Literatur. Hg. von WALTER DIETZE. 2. Aufl. Leipzig 1987 (Reclams Universal-Bibliothek Bd. 1139). S. 72–75 (Erstdruck: Die Waage. Bd. 1 [1818], S. 79–84)

«Sappho». Trauerspiel von Grillparzer: In: Schriften zur Literatur. Hg. von WALTER DIETZE. Leipzig 1987 (Reclams Universal-Bibliothek Bd. 1139). S. 144–152 (Erstdruck: Die Waage Bd. 1 [1818], S. 374–383)

BURCKHARDT, CARL JACOB: Grillparzer und das Maß. In: Das Grillparzer-Bild des 20. Jahrhunderts. Hg. von HEINZ KINDERMANN. Wien, Köln, Graz 1972. S. 9–31

BURKHARD, ARTHUR: Grillparzer im Ausland. Cambridge, Mass. 1969

BURKHARD, MARIANNE: Love, creativity and female role. Grillparzer's «Sappho» and Staël's «Corinne». Between art and cultural norm. In: Jahrbuch für Internationale Germanistik 16 (1984), H. 2, S. 128–146

DÜSING, WOLFGANG: Die Tragik der Zeitenwende in Grillparzers Geschichtsdrama «Ein Bruderzwist in Habsburg». In: Literatur für Leser (1987), S. 188–198

EIBL, KARL: Ordnung und Ideologie im Spätwerk Grillparzers. Am Beispiel des argumentum emblematicum und der «Jüdin von Toledo». In: Deutsche Vierteljahrsschrift für Literaturwissenschaft und Geistesgeschichte 53 (1979), S. 74–95

FISCHER, ERNST: Franz Grillparzer – Ein großer österreichischer Dichter. Wien 1946 (Tagblatt-Bibliothek Nr. 1265)

Franz Grillparzer. In: Von Grillparzer zu Kafka. Sechs Essays. Wien 1962. S. 9–56

FORSTER, FRANZ: Grillparzers Theorie der Dichtung und des Humors. Wien 1970
Zur Problemstellung in Grillparzers «Weh dem, der lügt». In: Sprachkunst 13
(1982), S. 211–230

FRANZ, KURT: «Der arme Spielmann». In: Deutsche Novellen von Goethe bis
Walser. Hg. von JAKOB LEHMANN. Bd. 1. Königstein/Ts. 1980. S. 161–188

FREDERIKSEN, ELKE: Grillparzers Tagebücher als Suche nach Selbstverständnis.
Frankfurt a. M. 1977

FRESCHI, MARINO: L'impoliticità «moderata» di Grillparzer. In: Il silenzio del prin-
cipe. Napoli 1983. S. 41–46

FÜLLEBORN, ULRICH: Das dramatische Geschehen im Werk Franz Grillparzers.
München 1966
«Der Gang der Zeit von Anfang». Frauenherrschaft als literarischer Mythos bei
Kleist, Brentano und Grillparzer. In: Kleist-Jahrbuch (1986), S. 63–80
«Blanka von Kastilien»: Die Umrisse von Grillparzers dramatischer Welt in
Schillers dramatischer Form? In: Geschichtlichkeit und Aktualität. Studien zur
deutschen Literatur seit der Romantik. Festschrift für Hans-Joachim Mähl. Hg.
von KLAUS-DETLEF MÜLLER. Tübingen 1988. S. 242–258

GEISSLER, ROLF: Grillparzers «Ahnfrau». Ein soziologischer Deutungsversuch.
In: Wissen aus Erfahrung. Hg. von ALEXANDER V. BORMANN. Tübingen 1976.
S. 427–444
Grillparzers «Weh dem, der lügt!» Oder die Komödie der menschlichen Wahr-
heit. In: Literatur für Leser (1984), S. 86–96
Grillparzers «Des Meeres und der Liebe Wellen» oder Die Emanzipation zum
Tode. In: Literatur für Leser (1986), S. 35–44
Rustan und die Sorge. Zur Problematik des Besserungsstücks in Grillparzers
«Der Traum ein Leben». In: Dichtung, Wissenschaft, Unterricht. Hg. von
FRIEDRICH KIENECKER und PETER WOLFERSDORF. Paderborn 1986. S. 126–138
Eschatologie und Geschichte in Grillparzers «Die Jüdin von Toledo». In: Litera-
tur und Medien in Wissenschaft und Unterricht. Festschrift für Albrecht Weber.
Hg. von WALTER SEIFERT. Köln, Wien 1987. S. 19–26 (Literatur und Leben
N. F. Bd. 31)

Gerettete Ordnung. Grillparzers Dramen. Hg. von BERNHARD BUDDE und
ULRICH SCHMIDT. Frankfurt a. M., Bern, New York 1987 (Historisch-kritische
Arbeiten zur deutschen Literatur Bd. 7)

GREINER, MARTIN: Zwischen Biedermeier und Bourgeoisie. Göttingen o. J.
[1953]. S. 51–76

GRIESMAYER, NORBERT: Das Bild des Partners in Franz Grillparzers Dramen. Studien
zum Verständnis ihrer sprachkünstlerischen Gestaltung. Wien, Stuttgart 1972

Grillparzer und die europäische Tradition. Londoner Symposium 1986. Hg. von
ROBERT PICHL u. a. Wien 1987 (Sonderpublikation der Grillparzer-Gesellschaft)

GUNDOLF, FRIEDRICH: Franz Grillparzer. In: Jahrbuch des Freien Deutschen
Hochstifts. Frankfurt a. M. 1931. S. 9–93

HARRIGAN, RENNY KEELIN: Woman and Artist. Grillparzer's «Sappho» Revisi-
ted. In: The German Quarterly 53 (1980), S. 285–316

HEFTRICH, ECKHARD: Grillparzers «König Ottokars Glück und Ende». In: Geschichte als Schauspiel. Hg. von WALTER HINCK. Frankfurt a. M. 1981.
S. 164–178

HOFMANNSTHAL, HUGO VON: Grillparzers politisches Vermächtnis. In: Gesammelte Werke. Hg. von BERND SCHOELLER. Reden und Aufsätze Bd. 2. Frankfurt a. M. 1979. S. 405–410 (Erstdruck: Neue Freie Presse [Wien], 16.5.1915)
Rede auf Grillparzer. In: Gesammelte Werke. Hg. von BERND SCHOELLER. Re-

den und Aufsätze Bd. 2. Frankfurt a. M. 1979. S. 87–101 (Erstdruck: Wissen und Leben [Zürich] 15 [1922], H. 14)

Notizen zu einem Grillparzervortrag. In: Gesammelte Werke. Hg. von BERND SCHOELLER. Reden und Aufsätze Bd. 1. Frankfurt a. M. 1979. S. 26–33

HÖLLER, HANS: Die Rolle der Gewalt in der Literaturgeschichte. Zu Ferdinand Kürnbergers Grillparzer-Essays aus den Jahren 1871 und 1872. In: Vormärz: Wendepunkt und Herausforderung. Hg. von HANNA SCHNEDL-BUBENICEK. Wien, Salzburg 1983. S. 105–120

Der «Todesarten-Zyklus» des 19. Jahrhunderts. Ingeborg Bachmann und Franz Grillparzer. In: Jahrbuch der Grillparzer-Gesellschaft 3. F. 15 (1983), S. 141–154

HOVERLAND, LILIAN: Speise, Wort und Musik in Grillparzers Novelle «Der arme Spielmann». Mit einer Betrachtung zu Kafkas Hungerkünstler. In: Jahrbuch der Grillparzer-Gesellschaft 3. F. 13 (1978), S. 63–84

HUNTER-LOUGHEED, ROSEMARIE: Das Thema der Liebe im «Armen Spielmann». In: Jahrbuch der Grillparzer-Gesellschaft 3. F. 13 (1978), S. 49–62

JODL, FRIEDRICH: Grillparzer und die Philosophie. In: Jahrbuch der Grillparzer-Gesellschaft 8 (1898), S. 1–21

Grillparzers Ideen zur Ästhetik. In: Jahrbuch der Grillparzer-Gesellschaft 10 (1900), S. 45–69

JONES, MICHAEL R.: «Armer Jakob», «Poor Bartleby». A comparative look at realism in Grillparzer and Melville. In: Comparison (1984) N. 14, S. 45–56

KAISER, HERBERT: Franz Grillparzers «Libussa». Versuch einer geschichtlichen Interpretation. In: Literatur für Leser (1980), S. 231–247

KAISER, JOACHIM: Grillparzers dramatischer Stil. München 1961

KLAAR, ALFRED: Grillparzer als Dramatiker. Wien 1891

KLEINBERG, ALFRED: Franz Grillparzer. Leipzig, Berlin 1915

KLEINSCHMIDT, GERT: Illusion und Untergang. Die Liebe im Drama Grillparzers. Lahr 1967

KOMMERELL, MAX: Grillparzer. Ein Dichter der Treue. In: Dichterische Welterfahrung. Frankfurt a. M. 1952. S. 7–22

KORTLÄNDER, BERNT, und JOSEPH A. KRUSE: Biedermeier. Das hohe Drama: Grillparzer. In: Einführung in die deutsche Literatur des 19. Jahrhunderts Bd. 1. Opladen 1982. S. 87–100

KRAFT, WERNER: «Der Halbmond». Grillparzers Hälfte des Lebens. In: Über Gedichte und Prosa. Frankfurt a. M. 1979. S. 60–64

KRISPYN, EGBERT: Grillparzer's Tragedy «Die Jüdin von Toledo». In: Modern Language Review 68 (1970), S. 345–366

KUH, EMIL: Zwei Dichter Österreichs. Franz Grillparzer – Adalbert Stifter. Pest 1872

KÜRNBERGER, FERDINAND: Grillparzers Lebensmaske. In: Gesammelte Werke. Hg. von OTTO ERICH DEUTSCH. Bd. 2. München, Leipzig 1911. S. 271–275 (Erstdruck: Berliner Börsen-Zeitung, Beilage, 23. 1. 1872)

Österreichs Grillparzer. In: Gesammelte Werke. Hg. von OTTO ERICH DEUTSCH. Bd. 2. München, Leipzig 1911. S. 259–266 (Erstdruck: Neues Wiener Tagblatt, 14. 1. 1871)

LANGVIK-JOHANNESSEN, KÅRE: Im Namen kaiserlicher Majestät. Zur inneren Handlung in Grillparzers «Ein Bruderzwist in Habsburg». Wien 1975

LASHER-SCHLITT, DOROTHY: Grillparzer's Attitude Toward the Jews. Diss. New York 1936

Grillparzers «Hero und Leander». Eine psychologische Untersuchung. In: Jahrbuch der Grillparzer-Gesellschaft 3. F., 3 (1960), S. 94–114

LAUBE, HEINRICH: Franz Grillparzers Lebensgeschichte. Stuttgart 1884

LAVANDIER, JEAN PIERRE: Grillparzer, der österreichischen Zensur und dem Habsburger Herrscherhaus gegenüber. Diss. Bordeaux 1973

LENZ, HAROLD: Franz Grillparzer's Political Ideas and «Die Jüdin von Toledo». New York 1938

LORENZ, DAGMAR C. G.: Grillparzers «Libussa». Eine Neubewertung. In: Jahrbuch der Grillparzer-Gesellschaft 3. F., 14 (1980), S. 33–48

«Schafe im Wolfspelz» oder die Bösewichte, die keine waren. Die Juden in Grillparzers «Die Jüdin von Toledo». In: Jahrbuch der Grillparzer-Gesellschaft 3. F., 15 (1983), S. 79–88

Grillparzer – Dichter des sozialen Konflikts. Wien, Köln, Graz 1986 (Literatur und Leben. NF. Bd. 33)

Frau und Weiblichkeit bei Grillparzer. In: Der Widerspenstigen Zähmung. Hg. von SYLVIA WALLINGER und MONIKA JONAS. Innsbruck 1986 (Innsbrucker Beiträge zur Kulturwissenschaft. Germanistische Reihe Bd. 31), S. 201–216

Grillparzers Lyrik im Kontext. In: Jahrbuch der Grillparzer-Gesellschaft 16 (1984/86), S. 37–56

LORENZ, FRIEDER: Grillparzers politische Existenz. In: Jahrbuch der Grillparzer-Gesellschaft 3. F., 14 (1980), S. 101–122

MADL, ANTAL: Grillparzers Österreichbewußtsein. In: Zeitschrift für Germanistik (Leipzig) 8 (1987), S. 75–79

MAGRIS, CLAUDIO: Der habsburgische Mythos in der österreichischen Literatur. Salzburg 1966. S. 91–134

Grillparzer und Napoleon. In: Donau. Biographie eines Flusses. München, Wien 1988. S. 88–93

MAUSER, WOLFRAM: Franz Grillparzers Der arme Spielmann oder Von der Lust an einer Angst-Biographie. In: Phantasie und Deutung. Hg. von WOLFRAM MAUSER u. a. Würzburg 1986. S. 57–69

MCINNES, EDWARD: König Ottokar and Grillparzer's Conception of Historical Drama. In: New German Studies (1978), S. 25–35

MEHRING, FRANZ: Grillparzers Traum ein Leben. In: Gesammelte Schriften. Bd. 11. 3. Aufl. Berlin (DDR) 1980. S. 495–500 (Erstdruck: Die Volksbühne 3 [1894/95], H. 5, S. 3–11)

MEISTER, MONIKA: Das kulturgeschichtliche Österreich-Bild im Wiener fin de siècle – dargestellt an der Grillparzer-Rezeption Hermann Bahrs. In: Maske und Kothurn 31 (1988), S. 193–202

MICHAILOV, ALEXANDER V.: Grillparzer in der Sowjetunion. In: Das Grillparzer-Bild des 20. Jahrhunderts. Hg. von HEINZ KINDERMANN. Wien, Köln, Graz 1972. S. 287–296

MITCHELL, MICHAEL: «A sadder but not a wiser man». An examination of the figure of Alphons in Grillparzers «Die Jüdin von Toledo». In: Studies in nineteenth century Austrian literature. Glasgow 1983. S. 49–58

MÜHLHER, ROBERT: Die tragische Wirkung in Grillparzers Dramen. In: Neue Beiträge zum Grillparzer- und Stifter-Bild. Hg. vom Institut für Österreichkunde. Wien, Graz 1965. S. 69–82

Sinnenzauber und allegorische Weisheit bei Grillparzer. In: Jahrbuch der Grillparzer-Gesellschaft 3. F., 5 (1966) S. 11–34

Das Doppelantlitz des Eros in Grillparzers «Sappho». In: Die Andere Welt. Hg. von KURT BARTSCH u. a. Bern, München 1979. S. 38–70

MULLAN, WILLIAM N.: Grillparzers Aesthetic Theory. Stuttgart 1979

MÜLLER, GERD: Bürgerlichkeit und Patriotismus. Grillparzers «Libussa» und die österreichischen Ereignisse von 1848. In: Für und wider eine österrei-

chische Literatur. Hg. von KURT BARTSCH u. a. Königstein/Ts. 1982.
S. 17–31

MÜLLER, JOACHIM: Die Staatsthematik in Grillparzers Drama «Die Jüdin von Toledo». In: Die Andere Welt. Hg. von KURT BARTSCH u. a. Bern, München 1979.
S. 71–96

MÜNCH, ILSE: Die Tragik in Drama und Persönlichkeit Franz Grillparzers. Berlin
1931 (Neue Forschung 11)

NADLER, JOSEF: Franz Grillparzer. Vaduz 1948

NAUMANN, WALTER: Grillparzer – das dichterische Werk. Stuttgart o. J. (Urban-
Bücher 17)

NICHOLLS, ROGER A.: Grillparzers «König Ottokars Glück und Ende» and Shakespeares «Richard II.». In: Colloquia Germanica 19 (1986), S. 145–155

OBERMAYER, AUGUST: Die Topoi und ihre psychologische Differenzierung in den
Dramen Grillparzers. In: Jahrbuch der Grillparzer-Gesellschaft 3. F., 8 (1970),
S. 57–86

PARRY, YVONNE M.: «Das goldene Vlies», the tragedy of the adventurer. In: Studies in nineteenth century Austrian literature. Glasgow 1983. S. 1–27

POLITZER, HEINZ: Die Verwandlung des armen Spielmanns. Ein Grillparzer-Mo-
tiv bei Franz Kafka. In: Jahrbuch der Grillparzer-Gesellschaft 3. F., 4 (1965),
S. 55–64

Franz Grillparzer. In: Deutsche Dichter des 19. Jahrhunderts. Ihr Leben und
Werk. Hg. von BENNO VON WIESE. Berlin 1969. S. 272–302

Franz Grillparzer oder das abgründige Biedermeier. Wien 1972

REGER, HARALD ANTONIUS: Das Sprachbild in Grillparzers Dramen. Bonn 1968

REICH, EMIL: Grillparzers dramatisches Werk. Dresden, Leipzig 1894

REIMANN, PAUL: Franz Grillparzer. In: Über realistische Kunstauffassung. Berlin
(DDR) 1951. S. 245–253

RISMONDO, PIERO: Die politische Vision in Grillparzers Ahnfrau. In: Grillparzer
Forum Forchtenstein. Wien 1978. S. 164–181

ROE, IAN F.: Classical vocabulary in Grillparzer's early works. In: Modern
Language Review 77 (1982), S. 860–875

Truth and humanity in Grillparzers «Weh dem, der lügt». In: Forum for modern
language studies 22 (1986), S. 289–307

ROSENSTRAUCH-KÖNIGSBERG, EDITH: Stützen der Gesellschaft? Blumauer und
Grillparzer – beamtete Dichter? In: Jahrbuch der Grillparzer-Gesellschaft 3. F.,
13 (1978), S. 85–100

ROTH, JOSEPH: Grillparzer. In: Werke in drei Bänden. 3. Bd. Köln, Berlin 1956.
S. 391–400 (Erstdruck: Das Neue Tagebuch. Paris 1937)

SAGARRA, EDA: Sinnbilder der Monarchie. Herrschersymbolik und Staatsidee in
Grillparzers «König Ottokars Glück und Ende» und Shakespeares «Richard
II.». In: Jahrbuch der Grillparzer-Gesellschaft 3. F., 16 (1984/86), S. 57–67

SCHÄBLE, GUNTHER: Grillparzer. Velber 1967 (Friedrichs Dramatiker des Welt-
theaters Bd. 28)

SCHAUM, KONRAD: Universale und zeitlose Aspekte in Grillparzers «Goldenem
Vlies». In: Colloquia Germanica 12 (1979), S. 77–93

Grillparzers «Des Meeres und der Liebe Wellen». Seelendrama und Kulturkri-
tik. In: Jahrbuch der Grillparzer-Gesellschaft 3. F., 11 (1974), S. 95–114

Grillparzers «König Ottokars Glück und Ende». Historische Tragödie und Zeit-
kritik. In: Jahrbuch der Grillparzer-Gesellschaft 3. F., 15 (1983), S. 51–64

SCHEIBELREITER, GEORG: Franz Grillparzer und Bischof Gregor von Tours. In:
Jahrbuch der Grillparzer-Gesellschaft 3. F., 15 (1983), S. 65–78

SCHEICHL, SIGURD PAUL: Franz Grillparzer zwischen Judenfeindschaft und Josephinismus. In: Conditio Judaica. Judentum, Antisemitismus und deutschsprachige Literatur vom 18. Jahrhundert bis zum Ersten Weltkrieg. Interdisziplinäres Symposium der Werner-Reimers-Stiftung Bad Homburg v. d. H. Hg. von HANS OTTO HORCH und HORST DENKLER. Tübingen 1988. S. 131–148

SCHNEIDER, REINHOLD: Franz Grillparzer. Der letzte Dichter des alten Österreich. In: Jahrbuch der Grillparzer-Gesellschaft 3. F., 3 (1960), S. 7–27

SCHWAN, WERNER: Grillparzers «Bruderzwist in Habsburg». Ein skeptischer Blick in die Geschichte. In: Recherches germaniques 16 (1986), S. 55–82

SEIDLER, HERBERT: Grillparzers Lustspiel «Weh dem, der lügt». In: Jahrbuch der Grillparzer-Gesellschaft 3. F., 4 (1965), S. 7–29
Studien zu Grillparzer und Stifter. Wien, Köln, Graz 1970
Franz Grillparzer und das Dramatische. In: Jahrbuch der Grillparzer-Gesellschaft 3. F., 10 (1973), S. 11–40

SEITTER, WALTER: Franz Grillparzer und Friedrich Nietzsche. In: Jahrbuch der Grillparzer-Gesellschaft 3. F., 8 (1970), S. 87–109

ŠKREB, ZDENKO: Franz Grillparzers «Libussa». Versuch einer Deutung. In: Jahrbuch der Grillparzer-Gesellschaft 3. F., 6 (1967), S. 75–93
Grillparzer. Eine Einführung in das dramatische Werk. Kronberg/Ts. 1976
Rahel. In: Die Andere Welt. Hg. von KURT BARTSCH u. a. Bern, München 1979. S. 96–105
Die Idee des Rechtes bei Grillparzer. In: Jahrbuch der Grillparzer-Gesellschaft 3. F., 15 (1983), S. 37–50

SPEIDEL, LUDWIG: Grillparzer: «Ein Bruderzwist in Habsburg». In: Meister der deutschen Kritik. Bd. 2. Hg. von GERHARD F. HERING. München 1963. S. 235–243 (Erstdruck: Deutsche Zeitung. Wien 1872)

STAIGER, EMIL: Grillparzer: «König Ottokars Glück und Ende». In: Meisterwerke deutscher Sprache aus dem 19. Jahrhundert. 3. Aufl. Zürich 1957. S. 163–185
Grillparzers Tagebücher. In: Euphorion 66 (1972), S. 1–31

STEIN, GISELA: The Inspiration Motif in the Works of Franz Grillparzer. With special consideration of «Libussa». The Hague 1955

STIFTER, ADALBERT: Grillparzer: «Der arme Spielmann». In: Meister der deutschen Kritik. Bd. 2. Hg. von GERHARD F. HERING. München 1963. S. 166–168 (Erstdruck: Beilage zur Augsburger Allgemeinen Zeitung, 6. 9. 1847)

STOFFERS, MARIA EDLINGER: Grillparzers «König Ottokar», ein tragischer Held? In: Jahrbuch der Grillparzer-Gesellschaft 3. F., 13 (1978), S. 39–48

STRAUBINGER, O. PAUL: Grillparzer in der Parodie des Alt-Wiener Volkstheaters. In: Jahrbuch der Grillparzer-Gesellschaft 3. F., 3 (1960), S. 115–126

STRICH, FRITZ: Franz Grillparzers Ästhetik. Berlin 1905

THOMPSON, BRUCE: Franz Grillparzer. Boston 1981

TRÄGER, CLAUS: Problematische Freiheit und Irrwege der Tragödie. Der junge Grillparzer und die Krise des bürgerlichen Geschichtsbewußtseins. In: Sinn und Form 4 (1960), S. 613–650
Geschichte, «Geist» und Grillparzer. Ein klassischer Nationalautor und seine Deutungen. In: Weimarer Beiträge 3 (1961), S. 449–519
Rezeptions- und Wirkungsgeschichte eines paradigmatischen Epochenausklangs. Grillparzers «Ahnfrau». In: Studien zur Erbetheorie und Erbeaneignung. Leipzig 1981. S. 297–326

VOLKELT, JOHANNES: Grillparzer als Dichter des Tragischen. Nördlingen 1888
Grillparzer als Dichter des Komischen. In: Jahrbuch der Grillparzer-Gesellschaft 15 (1905), S. 1–30
Die Psychologie der Liebe in Grillparzers Dramen. In: Jahrbuch der Grillparzer-Gesellschaft 19 (1910), S. 1–28

WALDECK, PETER B.: Franz Grillparzer: «Der arme Spielmann» and «Die Jüdin von Toledo». In: The split self from Goethe to Broch. Lewisburg, London 1979. S. 103–121

WARD, MARK G.: The comedy of «Weh dem, der lügt!». In: Studies in nineteenth century Austrian literature. Glasgow 1983, S. 28–48

WEISSBART, GERTRUD: Bürgerliches Lebensgefühl in Grillparzers Dramen. Bonn 1929 (Mnemosyne 3)

WELLS, GEORGE A.: The Plays of Grillparzer. London 1969

WELZIG, WERNER: Elemente autobiographischer Erzählung. Zu Grillparzers und Kafkas Schriften für eine Akademie. In: Anzeiger der phil. hist. Klasse der Österreichischen Akademie der Wissenschaften 124,2. Wien 1987. S. 12–33

WERNER, HANS-GEORG: Verteufelt human. Etwas über den Zusammenhang zwischen Goethes «Iphigenie» und Grillparzers «Goldenem Vlies». In: Jahrbuch des Wiener Goethe Vereins Bd. 86/88 (1982/1984), S. 247–259

WIMMER, PAUL: Grillparzer in der Sicht des 20. Jahrhunderts. In: Jahrbuch der Grillparzer-Gesellschaft 3. F., 10 (1977), S. 107–132
Grillparzer on the thinking process. In: Modern Austrian Literature 19 (1986) N. 2, S. 1–14

WITTKOWSKI, WOLFGANG: Grenze als Stufe. Josephinischer Gradualismus und barockes Welttheater in Grillparzers Novelle «Der arme Spielmann». In: Aurora. Jahrbuch der Eichendorff-Gesellschaft 41 (1981), S. 135–160
Stufenstruktur und Transzendenz in Büchners «Woyzeck» und Grillparzers Novelle «Der arme Spielmann». In: Georg Büchner Jahrbuch 3 (1983), S. 147–165

YATES, DOUGLAS: Franz Grillparzer. A Critical Biography. Oxford 1946

Namenregister

*Die kursiv gesetzten Zahlen bezeichnen die Abbildungen,
die hochgestellten Sternchen verweisen auf die Fußnoten*

Dank und Widmung

Die Forschungsarbeit für diese Monographie wurde zum Teil durch ein Stipendium des Kulturamtes der Stadt Wien unterstützt. Den Mitarbeiter/inne/n der Österreichischen Nationalbibliothek, insbesondere des Bildarchivs, möchte ich für ihre hilfreichen Bemühungen danken.

Besonderen Dank schulde ich Frau Prof. Dr. Hilde Haider für ihre aufmerksame Anteilnahme an meiner Arbeit. Dr. Renate Göllner, Karin Heister-Grech, Prof. Dr. Georg Knepler und Dr. Otto Kreilisheim haben das Entstehen des Buches mit wertvoller Kritik und Ermunterung begleitet.

Georg Knepler sei es auch gewidmet.

Über den Autor

Gerhard Scheit, geboren 1959 in Wien. Studierte Theaterwissenschaft, Germanistik und Philosophie an der Universität Wien und an der Freien Universität Berlin. Promotion 1986. Lebt seither als freier wissenschaftlicher Schriftsteller in Wien. Lehraufträge an den Universitäten Wien und Klagenfurt, Vorträge und Seminare an Volkshochschulen sowie Aufsätze (u. a. in: «Wespennest», internationales Jahrbuch «Exilforschung», «Düsseldorfer Debatte», «Aufrisse») zu den Themenschwerpunkten: österreichisches Volkstheater (Nestroy, Anzengruber, Horváth, Jura Soyfer), österreichische Exilliteratur (Musil, Joseph Roth), Theorien des modernen Dramas (Peter Szondi, Bertolt Brecht), Ästhetik (Adorno, Lukács). 1986 Förderungspreis der Theodor-Körner-Stiftung.

Buchpublikationen: Am Beispiel von Brecht und Bronnen: Krise und Kritik des modernen Dramas. Wien, Köln, Graz 1988. Theater und revolutionärer Humanismus. Eine Studie zu Jura Soyfer. Wien 1988.

Quellennachweis der Abbildungen

Neue Pinakothek, München: 62
Bildarchiv Preußischer Kulturbesitz, Berlin: 73
Aus: Kurt Mellach, 1848. Protokolle einer Revolution, Wien/München 1968: 108, 114
Alle übrigen Fotos wurden von der Österreichischen Nationalbibliothek, Wien, zur Verfügung gestellt.